ワーママ
時間3倍術

子育てしながら
稼ぐ母になる方法

山守 麻衣 Mai Yamamori

WAVE出版

ワーママ時間3倍術

子育てしながら稼ぐ母になる方法

はじめに

「この本を読めば、私の時間が3倍に増えるの？」

そう驚いたり、思わずニンマリした人もいるかもしれません。

ワーママとは、自分の仕事、子どものお世話、家事全般（パパのことも含む）という三つの領域に目を配らなければなりません（この本では親しみをこめて、ワーキングママを〝ワーママ〟と呼ぶことにします）。

自分のことを考えるだけでよかった時期に比べて、やること&考えるべきことは、なんと3倍。すなわち、〝デキるワーママ〟として暮らすことは、時間を3倍活用しているということにほかならないのです。そう考えるとスゴいと思いませんか？

「私はワーママになるなんて、絶対ムリ！」

そんな声も聞こえてきそうですね。もちろん、何の心構えや準備もナシにワーママになると、あなた自身が疲れ果てるか、家族関係にヒビが入るか。はたまた職場で「ハァ?」と思われてしまう〝お荷物なヒト〟になってしまうことでしょう。

ですが本書を読めば、大丈夫。時間を3倍濃密に活用して、ワーママを楽しむコツをお伝えします。例えば、あなたのお悩みは、こんなことではありませんか?

まず、現役ワーママの場合。

「保育園の送迎の時間がユウウツでたまらない(特に、朝!)」

「子どもを叱りながら鬼のような形相で、毎日あわてて食事をつくっている自分がイヤだ……」

「絵本を読んで子どもを寝かしつけるつもりが、疲れ過ぎて、子どもより先に〝寝落ち〟してしまう」

プレママや産休中のママにとっては、ワーママの暮らしなんて「未知の世界」と映るかもしれません。

「保育園なんて、入れなくて当たり前」と、すでにあきらめモードだったり。

「働く」以前に、「体型が変わって以前の仕事着が入らない」と気に病んでいたり。

「子どもを短時間預ける先がなく、美容院にも行けず、前髪は自分で切ってしまうほど子育てに悪戦苦闘。こんな調子で、急に社会復帰できるのかしら？」などという方もいるかもしれませんね。


大丈夫。これらのお悩みは、きっと解決できます。なぜなら、これらは私がリアルにぶつかった困難で、一つ一つ地道に乗り越えてきたことだからです。もちろん、お恥ずかしい紆余曲折もたくさんありました。ですが、体当たりで得られた経験を、まるでハダカになるように、本書でさらしてみたいと思います。それこそ、ママさんライターである私の使命ではないかと感じているからです。

本書には、取材などのお仕事を通して出会えた〝お勧め系〟ワーママのエピソードもふんだんに盛り込みました。

昔の近江商人の言葉に「三方よし」というものがあります。「売り手よし」「買い手よし」「世間よし」の三つの「よし」。「売り手も買い手も満足し、社会貢献もできるのがよい商売である」という意味なのだそうです。

私はワーママの理想も（意味は厳密には異なりますが）、「三方よし」だと感じています。「自分自身」「家族」「職場」。どこかにひずみが生じては長く続きません。

「三方よし」の精神で、「稼げるワーママ」を目指しませんか。そのために大切なのは、「仕事を絶対に手離さない」という〝攻め〟の勇気。たったそれだけです。

この1冊で、あなたのメンタル面も、スキル面も、ぐーんとパワーアップすることをお約束します。

はじめに　2

第1章　職場で大事にされるワーママになるには

お勤めママからフリーランスママまで、3人の1日を大解剖！　13
ワーママはみんな、知らないうちに失言している？　19
嫌われるワーママの行動パターンとは？　23
子どもの「体調異変」に、備えられることがある！　27
デキるワーママの印象アップトーク術　31
期限をきっちり守りたい、「頑張り屋さん」のあなたへ　35
「小1のカベ」こそ、親子の絆が深まるチャンス　39
ピンチを乗り越える、強い心のつくり方　43

第2章 〝預け方〟がうまい人ほど、仕事もデキる！

腹をくくって、わが子を人に委ねよう 49
母親も笑顔になれる保育園とは？ 53
保育園は、いつでも転園できる！ 57
「ダメ親」と思われないにはコツがある！ 61
ママ友ゼロ、でも大丈夫！ 65
お義母さんは「取引先」だと思えばいい 69
忙しいパパほど、いいイクメンになる素質アリ 73
ベビーシッターは、大事な「ビジネスパートナー」 77

第3章 ワーママだからできる！親子の絆の深め方

子どもを本当に喜ばせられるのは、あなただけ！ 83

保育園への送迎が10倍楽しくなる8つのポイント 87
お迎えの時間は、貴重な親子のデートタイム 91
子どもに遊びを「プレゼン」しよう！ 96
子どもだって、頼られたい、役に立ちたい！ 100
お風呂タイムは楽しい「学び」時間 105
やっぱりママは、「手づくり」すべき？ 109

第4章 デキるワーママになるカギは、「食」の段取りにあり！

ワーママ流、「体によい食卓」を目指そう 115
「行き当たりばったりの食生活」が、あなたを疲れさせる！ 119
「お取り寄せ」はストレスフリーへの近道 122
寄り道ショッピングで、脱・仕事モード 125

朝の自炊は、仕事の効率までアップさせる　127
夜の「本気自炊」を諦めると、ラクになる　131
ぶきっちょパパにこそ試してほしい、簡単自炊メシ　135

第5章　家庭にひそむ〝ムダ家事〟を撃退する方法

デキるワーママほど、モノが少ないという常識　141
掃除が断然ラクになる収納術　145
「食器の手洗い」は、子どもの敵!?　149
洗濯ものの「外干し」は非効率的!?　153
洗濯ものは「たたまない」でいい　157
消耗品の豊富なストックが効率化のカギ！　161

第6章 〝疲れた子持ち〟に見られない！忙しママのキレイ術

ワーママ流「おしゃれ道」を楽しもう 167
ワーママの理想のバッグの条件とは？ 171
子どもと一緒のお風呂で〝キレイ〟をつくる方法 175
美容室の意外な効用 179
お手入れが必要な洋服は、リストラしよう 183
メークを楽しむ心の余裕こそ、よい仕事を生む 187
体磨きより、「疲れない体づくり」を目指そう 191

おわりに 196

ブックデザイン × 原てるみ（ミルデザインスタジオ）
イラスト × ミムコ
DTP × NOAH

第1章

職場で大事にされる
ワーママになるには

「ママになったこと」を
「キャリア」に変える！

お勤めママからフリーランスママまで、3人の1日を大解剖！

ここでは、ワーママの1日とはどのようなものか、考えてみたいと思います。後ろに、私を含めてリアルなワーママのスケジュールを表にてご紹介しました。企業にお勤めの2人と、フリーランス（自営業者）の筆者、合計3例です。それぞれのワーママの「プチ工夫」や、現在の「理想」について教えてもらいました。働き方は違っても、きっと何かのヒントになるはずです。

ワーママ家庭の1日のスケジュールの話題になると、よく指摘されるのは「子どもの就寝時間がどんどん遅くなっていること」です。ここに挙げた3例では、子どもの就寝時間は22時までとなっていますが、これはたまたま「うまくいっている例」と言えるかもしれません。

なぜなら……。「子どもの就寝時間が23時を過ぎることもある」と悩むワーママの声も、少なからず耳にするからです。しかし、仕事に押されて保育園へのお迎えの時間が遅くなったり、そもそも「夕方以降に仕事が入る」のは、ワーママだけの責任ではありません。特にお勤めの場合は、職場の環境や体制、風土に問題がある場合もあるでしょう。周囲に迷惑をかけまいと頑張ることも大切ですが、自分の所属する組織を客観的に眺める視点も必要になってくるかもしれません。

もちろん、誰しも急に転職できたり、ベストな職場環境に身を置けるというわけではありません。大切なことは、自分を責めすぎないこと。スケジュールというものは、属する職場環境によって、ほぼ決まってしまうものだからです。

私が過去の取材を通して見てきた企業について、少しお話ししてみましょう。ワーママ率20％超を誇るところや、経済産業省の「ダイバーシティ経営企業１００選」に選ばれたところなど、先進的な企業に話を聞いたことがあります。次に挙げるコメントは、ある大企業のＣＳＲ担当者のものです。「組織はワーママに何を期待しているのか」がよくわかるのではないでしょうか。

「ワーママは、仕事をうまく共有したり、気遣い上手になったり。仕事をうまく回すためには、コミュニケーションがうまくならざるをえないもの。また時間に制約があるほど、効率化しようと考え、試行錯誤を重ねるようになります。その姿勢は、もしかするとほかの社員も見習うべきなのかもしれませんね」

どうでしょう。なんだか勇気が出ませんか？

「今の1日のスケジュールに満足していない」というワーママは、あせらず、ゆっくりと「変えること」を試みてみませんか。自分自身も、そして周囲もです。

ワーママのタイムスケジュール❶

［ ママの年齢／**37歳**　子どもの年齢／**5歳、次男1歳**　職種（業界）／**サービス業**　働き方／**正社員（特定派遣のため、派遣先によって勤務時間等が変わる場合も）**
その他／**長男と次男が保育所の敷地が異なり、大人の足で徒歩5分程度の距離をはしご。** ］

時刻	行動
0時	
1時	
2時	
3時	
4時	
5時	
6時	起床、身支度。子供たちが起床。食事。（06:45頃）
7時半	保育園に登園
8時	通勤
9時	
10時	
11時	
12時	就業時間（8:45～17:05、休憩50分の7時間30分労働） 昼食は、職場の社員食堂又は、コンビニおにぎり。
13時	
14時	
15時	
16時	
17時	長男を迎えに行き、一旦帰宅。食事の下準備程度をすまし次男の迎え。
18時	
19時	
20時	夕食（1時間半）入浴（30分）・遊び 歯磨き後就寝（子どものみ）
21時	
22時	残りの家事・テレビ・読書など
23時	
24時	就寝

「プチ工夫」や「理想」

●1歳児はお腹が空いていることに気付くと待ったなし。食事の段取りに余計に時間がかかる。そのため、先に兄を保育園からピックアップして一時帰宅し、兄と夕飯の支度をしてから、弟を迎えに行く。

ワーママのタイムスケジュール❷

［ ママの年齢／**37歳**　子どもの年齢／**長女5歳、次女3歳**　職種（業界）／**ライター業**
働き方／**フリーランス（ほぼ365日、何かしら稼働している）**
その他／**土日はパパが積極的に育児＆家事を担当。** ］

【どんな時期?】**取材や打合せなどで外出する日**

時刻	行動
0時	
1時	
2時	母のみ起床。食事、自宅作業開始。
3時	ワークタイム（近くのファミレスへ移動することも）
4時	
5時	
6時	
7時	子どもたちが起床
8時	食事
9時	保育園へ登園
10時	ワークタイム（取材や打合せへ）。仕事が終われば、いったん帰宅して自宅作業。 18時までには保育園へお迎えに向かう。 昼食は外食になることが多い。
11時	
12時	
13時	
14時	
15時	
16時	
17時	
18時	保育園へお迎え
19時	入浴（30分）・食事（50分）
20時	遊び・ドリル・絵本など
21時	歯磨きをして就寝（母子で寝付く）
22時	
23時	
24時	

「プチ工夫」や「理想」

●ママの起床時間が早いパターンの日は、夜すぐに眠くなってしまう。あと1時間早く寝たいが、難しい。
●夕方以降の仕事が入ることも。保育園は21時まで預かり可能。
●早朝から仕事の場合はパパが子どもを園に送ってくれる。

【どんな時期?】**自宅作業の日**

時刻	行動
0時	
1時	
2時	
3時	
4時	母のみ起床。食事、自宅作業開始。
5時	ワークタイム（近くのファミレスへ移動することも）
6時	
7時	子どもたちが起床
8時	食事
9時	保育園へ登園
10時	ワークタイム（自宅作業）。 昼食は11時ごろ。 18時までには保育園へお迎えに向かう。
11時	
12時	
13時	
14時	
15時	
16時	
17時	
18時	保育園へお迎え
19時	入浴（30分）・食事（50分）
20時	遊び・ドリル・絵本など
21時	歯磨きをして就寝（母子で寝付く）
22時	
23時	
24時	

「プチ工夫」や「理想」

●余裕がある時期は、夕方は17時など早めに保育園に迎えに行くこともある。迎えに行く前に、風呂を沸かし、食事の下準備をしておくと、帰宅後がスムーズになる。

ワーママのタイムスケジュール❸

ママの年齢／**35歳**　子どもの年齢／**5歳**　職種（業界）／**コンサルタント**　働き方／**正社員、総合職（フルタイム）、週5日勤務**
その他／**夫は現在海外赴任中。自分の実家が車で30分の距離にある。**

【どんな時期?】**繁忙期**

時刻	行動
0時	仕事
1時	就寝（目標時間）
2時	就寝（どんなに仕事が詰まっていても一旦寝る）
3時	睡眠（最低3時間または4時間半は確保。1時間半周期で睡眠時間を考えるようにしている）
4時	
5時	
6時	母子とも起床（起きられず7時になることも）
7時	朝食
8時	登園
9時	仕事 （17:30には上がるようにしているが、できないときは18:00過ぎになることも。その場合は18:40のお迎え目指してタクシーを拾う。高速道路を使えば間に合う） →お迎え（18:40）
10時	
11時	
12時	
13時	
14時	
15時	
16時	
17時	
18時	
19時	入浴・夕食（19:30～20:00の間）
20時	寝かしつけ（本を読む） →子ども就寝
21時	家事（最低限。明日の生活に困らない程度）※週1回家事代行サービスを利用。
22時	仕事
23時	
24時	

「プチ工夫」や「理想」

●仕事でお迎えに行けない日は、あらかじめ実家にお願いしている。（互いに負担や甘えにならないよう、託児料を払うようにしている）
●同じ保育園の友達の家にお願いすることも。「助けてもらってばかり」とヘコむこともあるが「いつかお返しする」という精神で……。

【どんな時期?】**通常～落ち着いている時期**

時刻	行動
0時	睡眠
1時	
2時	
3時	
4時	
5時	
6時	母子とも起床（起きられず7時になることも）
7時	朝食
8時	登園
9時	仕事 （左に同じ） →お迎え（18:40）
10時	
11時	
12時	
13時	
14時	
15時	
16時	
17時	
18時	
19時	入浴・夕食（19:30～20:00の間）
20時	寝かしつけ（本を読む） →子ども就寝
21時	家事
22時	読書など
23時	
24時	就寝

「プチ工夫」や「理想」

●できるだけ前倒しで進め、また生産性・効率性を上げることを常に考えている。30分単位のスケジュール管理、進め方の見える化、考える時間と作業時間の分離化など。
●大変なこともありつつ働いているのは、「仕事しているママの背中を、子どもに見せたい、働くことの楽しさ・大変さを身近に感じてほしい」という思いもある。

ワーママはみんな、知らないうちに失言している？

まず、一般的な社会での話をしましょう。

あなたが「ワーママである」と知らない人には、「子育て中」ということをできる限り言わないほうが、よいものです（それが全体の仕事の進行に関わってくるのであれば、報告は必要かもしれませんが……）。

また、あなたが「ワーママである」と知っている人にも、子どもや育児がからむことであれば、**どんなに面白い出来事や感動的なエピソードでも、口にしないほうが賢明です。**

「長男のおねしょのおかげで、今朝は家を出るのが10分も遅れてしまった」などと、他愛もない世間話であっても、複雑な心境になる人がいるかもしれません。世の中には、子どもがほしいのに授からなかった人もいるもの。「子どもの話題」というだけで、疎外感を与えてしまうこともあり得ます。

これは私自身の話になりますが、ある取引先の人に帰省の時期を聞かれたときのこと。帰省予定の日付けを答えたあと、「子連れで新幹線に2時間半も乗るのは、大変です」と、うっかり口をすべらせてしまったことがあります。

相手の方は、私が「子持ち」であることをご存じの女性でした。

「いいですね。私には子どもがいないので、まったくわからないことです……」

そう返され、反省しました。育児に関しては、何ごとも「言わぬが花」なのです。

反対に、私が「ワーママである」と知っている人の中には、気遣って、育児の様子を聞いてくれる方もいます。何人かと話すうちに気付いたのですが、わが子の成長ぶりなどを説明しても、相手にとってはさして面白くもなく、「何のメリットもない」

ということ。それよりも相手が本当に聞きたいのは、子育てをして初めて見えてくる「社会問題」です。

わかりやすい例を挙げると、保育園の待機児童の問題。例え子どもがいなくても、興味を持っている方は多いものです。「保育園に入るのにどれだけ苦労するものなのか」という話なら、少しは相手の方の参考になるかもしれません。

また、会話の流れが「育児」だけに集中してしまわないよう、ニュースや時事問題など、話のネタは広く仕入れておきたいものです。「子どもを産んで復職した途端に、世間話まで育児のことか！」という印象を相手に与えてしまうよりは、あたりさわりのない芸能ネタについて話しておくほうが、まだマシかもしれません。

最後に、よい意味で「特殊」な企業についての話をしましょう。

世の中には、まだまだ少ないですが「ワーママに優しい企業」も存在します。例えば、授乳服専門ブランド「モーハウス」は、ほとんどが子育て女性による運営で有名です。子連れ出勤や在宅勤務スタッフという働き方もあるそうです。

また、私はフリーランスですが、打ち合わせに「子ども同伴」を歓迎してくださった出版社が二つほどあります。このときは長女が0歳児で、まだ保育園に預ける前だったため、ベビーシッター代もかからず、大変ありがたかったことを覚えています。

あと10年もすれば、子ども同伴でのワークスタイルが、より一般的なものになっているかもしれません。

「2人目を産んだら、そんな企業を探して転職しようかしら。私が起業しようかしら」。

このように、楽しい空想をめぐらせることもできますね。とりあえずは、今のあなたの職場の「空気」を上手に読んで、うまく泳ぎ切ってみてください。

嫌われるワーママの行動パターンとは？

私がサラリーマンだったころ。職場でこんなことがありました。

毎日、みんなよりも早く帰るベテランのワーママ社員、Aさんがいました。彼女は管理職で能力も高く、ある分野の専門知識は社内随一でした。担当の仕事は完璧に終えて帰宅する人でしたが、外部の業者さんからAさんへの問い合わせが入ることもありました。

そんなとき、いつもフォローをする立場になるのが女性社員のBさんでした。Bさんも Aさんに次いでのベテランで、全体の進行を管理する要職にありました。

ある日のこと。Bさんが「Aさんは手間がかかる！」と周囲に聞こえるように言いながら、Aさんのフォローの作業をしていたことがありました。私は、何とも言えない気持ちになりました。

Aさんをフォローをしなければいけない Bさんの立場のつらさは、よくわかります。Bさん自身、自分の膨大な通常業務を抱えているのです。しかし、Aさんのフォローの作業は、10分もすれば終わるものです。さらに言えば、Bさんの職務は「全体の管理」なので、「組織的」な見方をすれば、ほかの社員のフォローは「業務の範ちゅう」だと言えるかもしれません。

意外なのは、このAさんとBさんは、一緒にランチに出かけたり、軽口を叩き合うような仲のよい関係であったことです。なのになぜ、Bさんの口から「Aさんは手間がかかる！」というストレートな言葉が出てきたのでしょうか。しかもほかの社員もいる前で……。

これは推察になりますが、Aさんは普段から「いつも早く帰るけれども、よろしくお願いします」というような「フォローのお願い」を、Bさんにしていなかったのではないでしょうか。自分の「尻拭い」をしてくれる人は誰か。思い当たる人に礼節を尽くして、フォローを事前にお願いしておくことが、陰口を叩かれないコツです。

ほんの少しの気遣いがあれば、ワーママでも気持ちのよい人間関係を築いて、明るく働くことができるはずです。ほかにも気を付けるべきことをまとめておきましょう。

●資料やデータのありかを明確に

あなたの帰宅後、同僚など職場の仲間が問い合わせに応じたり、トラブル処理ができるよう、資料は整理しておきたいもの。パソコンのデータも、進行中の案件はデスクトップ上にまとめ、所在をメモして持ち帰ると安心です。ファイル名もわかりやすく。

●職場からの去り際には「人柄」が出る

退社時間になり、やるべきことを終え、関係各所への声掛けやあいさつがすんだら、一刻も早く静かに立ち去るのがスマート。卑屈になりすぎると、かえって不自然です。

●同じ職場内の「困っている人」への理解を

自身の病気や家族の介護など、私的な事情で短時間勤務やキャリアダウンを選択する人も増えています。可能であれば手助けをしたり、物理的なサポートが難しい場合でも、応援する姿勢を見せておきましょう。それが、ひいてはあなた自身の働きやすさにもつながります。

●すべてポジティブワードに言い換えを

できれば「申し訳ございません」より「ありがとうございます！」と言いたいもの。

また、同僚の〝悪口大会〟に遭遇したら、スルーするのが「正解」です。つい自分のグチをこぼしてしまったり、後ろ向きの発言をしてしまう恐れがあります。

結局、人に悪口を言われない、陰口を叩かれないためには、あなた自身も悪口や噂を慎むことが重要なのです。

子どもの「体調異変」に、備えられることがある！

ここでは、ワーママの〝永遠の課題〟である「子どもの急な体調異変」について考えてみましょう。特に生まれて初めて集団生活を送ることになる保育園1年目は、周囲からさまざまな感染症をもらったり、体調異変が起こりやすいのは致し方ないのです。

しかし、子どもは感染症にかかることで免疫を獲得し、成長し強くなっていきます。「急な体調異変は最初だけ」という〝希望〟を胸に、一時的に働くペースをゆるめてもよいので、「とにかく仕事を手放さない」というスタンスで行きませんか。ピンチを乗り切る解決策を挙げていきます。

●家族や親類に、お迎えと病児保育を頼む

急なお迎えをお願いしやすいのは、実家、夫、お義母さん（お義父さん）の順でしょう。身内といえど気遣いは必要ですが、お願いできるに越したことはありません。

●民間のシッターさん派遣業者に、病児保育を頼む

どの業者さんも、「前日までの申し込み」が必要であることがほとんど。急なお迎えには不向きです。ただし、夕方以降ならシッターさんを派遣してもらえる可能性はあります。例え2時間でも自宅に来てもらえれば、在宅で仕事をしたり、最低限の家事を片付けることもできるでしょう。

●ファミリー・サポート・センター事業を活用する

「ファミリー・サポート・センター事業」（厚生労働省）とは、乳幼児や小学生のいる家庭を、援助を希望する家庭が「預かり」などの形で援助する仕組みのこと（会員制）。

基本事業は699市区町村、病児・緊急対応強化事業は129市区町村で実施（2

012年度)。万が一に備えて関係を築いておくのもおすすめです。

★「ファミリー・サポート・センター事業」(厚生労働省)
http://www.mhlw.go.jp/bunya/koyoukintou/ikuji-kaigo01/

●病児を預かってくれる施設やサービスを確保する

お住まいの市区町村名と、「病児保育」「病後児保育」という単語で検索すると、近くの頼れる施設・サービスを探すことができます。認定NPO法人「フローレンス」さんもおすすめ。同法人は子どもが熱を出すことを『当たり前のこと』、強い体をつくるために『必要なこと』と考え、病児保育問題の解決に取り組んでいます。

★「認定NPO法人フローレンス」http://www.florence.or.jp/
当日朝8時までの依頼には100%対応可。サービス提供エリアは東京都、千葉県、神奈川県、埼玉県(各都道府県の一部エリアをのぞく)。事前の入会手続きが必要。

最後に。ママとして、日々できることもあります。「保育所における感染症対策ガイドライン」(2012年改訂版・厚生労働省)には、次のように書かれています。

「感染症を防ぐためには、子どもが自分の体や健康に関心を持ち、身体機能を高めていくことが大切です。特に、手洗いやうがい、歯磨き、衣服の調節、バランスのとれた食事、睡眠と休息を十分にとる等の生活習慣が身に付くよう、毎日の生活をとおして丁寧に繰り返し伝え、子ども自らが気付いて行えるよう援助します。」(引用)

このような〝当たり前〟の生活習慣を身に付けることを、家庭でできるだけ実行していくことが、回り回って、あなたの仕事のしやすさにつながるのかもしれません。

そして一番の理想は、仕事の都合さえ付けば、体調を崩したわが子に添い寝してあげることです。例え家中が散らかっていても、よいではありませんか。あなたにも、休養はきっと必要なはずです。

デキるワーママの印象アップトーク術

職場復帰後は、社内の上役や取引先など、特に目上の人とのコミュニケーションは一層大切になってきます。あなたのことを「理解してもらう」以上に、「味方」に付けたいところです。そのためには「ワーママであるのに仕事がある」という事実に感謝しながら、言葉を選んでみましょう。たったひと言で、働きやすくなることもありますよ。

【印象アップ術①】職場の上司とのコミュニケーション

産後に職場復帰をする際、上司に伝え、相談しておくべきことは2種類あります。

「ワーママとしての要望」と、「ワーママであることをリカバリーするための対策」です。

●ワーママとしての要望

①労働時間（保育園の送迎時間など）、労働形態

②残業、出張、休日出勤の可否

③子どもの健康状態（通院や看護のための早退・遅刻、休業の可能性について。ぜんそくやアトピーなどの症状や、持病の有無、「発熱しやすい」などの体質について）

●リカバリー策

①家族の育児への協力体制

②家族以外の育児への協力体制（ベビーシッターや、ファミリーサポートなど）

③自宅作業の程度（仕事ができる環境が整っているかどうか）

④帰宅後の連絡手段（携帯電話の番号、自宅のパソコンなどのメールアドレス）

「ワーママとしての要望」しか伝えないと、単に「権利を主張するだけの人」（権利主張型）で終わってしまいますが、リカバリー策も伝えることで「義務も果たそうとする人」（義務遂行型）という印象を与えることができます。もちろん、「どこまで伝えるか」ということは、それぞれの仕事内容や職業観によっても、異なります。

【印象アップ術②】社内外の「あらゆる目上の人」とのコミュニケーション

次に、想定問答の例を挙げておきます。子どもに関することは、相手から聞かれたときのみ、「自慢」に聞こえないよう、「心配させることなく」答えるのがマナーです。

Q「どうですか、育児のほうは？」
・「おかげさまで、よい保育園で……。安心して預けて、私は仕事に没頭できています」
・「（0歳児などの場合）よく寝てくれるので、あまり手がかからないんです」

Q「子どもさんは元気ですか？」

・「ありがたいことに、元気だけが取り柄で助かっています」
・「お心遣い、ありがとうございます。毎日元気に保育園に通えています」
Q「お子さん、かわいい盛りでしょう」
・「かわいいどころか、生意気で困っているところです」
・「確かにかわいいのですが、いろんな言葉を覚える時期でして、しつけが大変です」
Q「お仕事のほうは大丈夫ですか？」
・「ようやく仕事のカンも戻りました。これから、本調子で頑張って参ります」
・「育児にも慣れてきたので、仕事とうまく両立させたいと思っています。子どもには働く私の姿を見て、育ってほしいんです」

言葉の端々に、「仕事へのヤル気」はにじみ出るものです。あなた独自の「ベストな回答」をつくって、頭の中で会話をシミュレーションしておきましょう。

期限をきっちり守りたい、「頑張り屋さん」のあなたへ

ワーママにシビアに降りかかる問題に、「仕事の期限を守れるかどうか」というものがあります。時間をつくって期限に間に合わせる、合理的な方法をご提案します。

●自分の能力は低めに見積もる

復職直後は、あらゆる能力は概して下がっているもの。誰も指摘してくれなくても、「低め」に見積もっておきましょう。子どもにまつわる突発的なトラブルも想定して、仕事にかけられる時間は「少なめ」に予定しておくのがベターです。

●カレンダーや手帳に、期日は「数日前」に記録する

納期や締切りなどの期日は、早めに設定を。また、眠りにつく前や、目覚めてすぐの「うつらうつらしている時間帯」は「願望が潜在意識に刻み込まれ、成就しやすい」のだとか。布団の中でも「○曜日に納品する」と意識することを繰り返しましょう。

●仕事の種類を見極める

慣れた仕事であっても、業務を見直して「仕分け」をしてみませんか。まさに「事業仕分け」です。次の三つに分類することで、優先順位や力の配分を見直すことができます。

①品質が問われる仕事　②スピードが優先される仕事　③事務作業

例えばライターである筆者の場合、原稿を書くことが、「①品質が問われる仕事」に当てはまります。その時間をより多くとるために、下準備（取材の音声を文字に起こす作業）など「②スピードが優先される仕事」は、外注することもあります。また、請求書を作成するなどの「③事務作業」は、気持ちを込めずに淡々とこなします。いかに②③に手間や時間をかけず、①に時間を割けるかを、常に計算しているのです。

●スキマ時間こそ有効に

スキマ時間は神様の贈り物。スマートフォンでゲームやネットサーフィンにハマるのは、ちょっと待って。細切れでできる「タスク（作業・仕事）」を持ち歩きましょう。

1分あればメークを直せます。5分あれば電話やメールを1〜3件は処理できます。10分あれば、生協などの通販業者のカタログなどに目を通せます。

15分あれば、喫茶店に入って、資料を読んだり、書類（日報、報告書、企画書など）を書くことができます。30分もあれば、マッサージで疲れを取ることも可能でしょう。

●ときに移動は「自腹タクシー」で

車内で携帯電話で業務連絡をすませたり、仮眠することもできます。ただしタクシー利用の損益分岐点はワーママそれぞれで異なるため、人と比べないことが重要です。

そして、期日以前に業務が終わったら。早くできたものを納品（提出）するかどうかもよく考えてみてください。実はデメリットが生じることも！「そんなに早くできるのだったら、これも急ぎでお願い」と、新たに至急の業務を頼まれることもあり得ます。また、仕事の質によっては、「1日早く納品するより、ギリギリまで検討する姿勢」が評価されるケースもあるので、臨機応変に行きましょう。

筆者も、期日より前に仕事を仕上げ、数日間「寝かせて」から、期日ちょうどに納品することが多いです。寝かせると「修正したいこと」が出てきて、クオリティーをより上げることもできます。何より「納品できるレベル」のものが手元にあるのは気持ちのよいもの。このような小さな「成功体験」の蓄積が、自信を付けてもくれます。

最後に期日の設定について。相手と期日を決める場合。「**ユルめの期日を打診して、実際には早く納品する」のがスマートです。**「自分からムリめの期日を言い出して、結局守れなかった」という展開は避けたいもの。交渉力もアップできると理想ですね。

「小1のカベ」こそ、親子の絆が深まるチャンス

保育園に慣れてきたと思っていたら、小学校入学。平日の放課後や、学校の長期休暇時の子どものケア、学校行事への父兄の参加などの問題が現れ、働くことをやめるワーママも出てきます。これがいわゆる「小1のカベ（壁）」と呼ばれるハードルです。

ここでは肉親を頼れないワーママの「小1のカベ」の乗り越え方を考えてみましょう。まさにサバイバル、自分自身との「戦い」になるかもしれません。

①「情報戦」を開始、あなたの地域のことを調べよう

平日の放課後。ワーママの子どもの過ごし方として一般的なのが、自治体ごとに設

置・運営されている「学童保育」です（名称は「こどもクラブ」「〇〇小クラブ」などの場合も）。入所の条件や、預かり時間、対象学年などは自治体ごとに異なります。一例ですが、筆者の最寄の自治体の学童保育は、4年生までが対象で、定員は約80名。親の就労状況などにより通えるかどうかが選考されます。「企業にフルタイム勤務の共働き世帯の児童が優先。自営業などの場合、年度によっては入れないこともある」のだとか。民間業者による「学童保育」を探すことになるかもしれません。

②「同盟」を結べる相手を探す

自治体の学童保育に通えない場合は、いったいどうすればよいのでしょうか。子どもが低学年のうちは、家でお留守番をするにせよ、習い事や塾に通うにせよ、一緒に過ごしてくれたり送迎をしてくれる「大人」がいたほうが安全です。ファミリーサポートや、民間業者が派遣するシッターさんなどの協力をあおぐのも手です。シッターさんなどに自宅の鍵を預けておき、帰宅した子どもを迎えてもらい、塾や習い事に送ってもらうという「合わせ技」も想定できます。最近の塾は、送迎バスが出ているところもあります。

また、費用はかさみますが民間業者による学童保育という選択肢も考えられます。「学童保育　送迎付き」などという単語と、お住まいのエリア名を入れて検索するとよいでしょう。この場合、月ぎめ料金で、1カ月に5万円前後かかることも珍しくありません（預かりの日数によって変動）。

一方、「業者まで頼まなくても、放課後は地域の子どもたちと遊べばよい」という見方ももちろんあります。その場合、気を付けたいのが「専業ママの家庭に、子どもがおじゃまして入りびたりになる」という状況です。「○○ちゃんは、毎日遊びにくる」などとクラスで噂になってしまう可能性もあります。地域のママたちと仲よくつながるためには、「一方通行の負担」をかけすぎないよう、対策を講じておきたいものです。

③キャリアは「ほふく前進」で！

「小1のカベ」を意識して、今から1年後、3年後、5年後、10年後ごとに「働く姿」をシミュレーションしておきましょう。家族はもちろん、職場の上司と「働き方の未来予想図」を共有できればベストです。あなたのキャリアを「上げる」のか「下げる」のか。はたまた「保留して維持する」のか。時間の融通がきく「営業職」などに異動、転職の可能性を検討したり、独立、起業を視野に入れてもよいでしょう。

キャリアの非常事態にもなりかねない「小1のカベ」。しかし、この関門を越えれば、あなたのビジネス能力も、「家族力」もアップしていることでしょう。

子どもの気持ちが「置いてけぼり」にならないよう、楽しく有効な時間の過ごし方を親子でプランニングできるとよいですね。

ピンチを乗り越える、強い心のつくり方

どんな仕事にも、ミスやトラブルはつきもの。しかしワーママの場合、事態を一段と重く、過剰に「深刻」に受け止めてしまいがちではないでしょうか。「もう仕事なんてやめようかしら、子どものためにも」弱気になっているときほど、「子どもの存在」を言い訳にしてしまいがち。ですが、それは子どもに「失礼」かもしれません。

本書で提案したいのは「子育て」と「仕事」をうまくリンクさせ、相乗効果でどちらも「心豊かなもの」にするということです。キレイごと、理想論だと笑う人もいるかもしれません。しかし、それはきっと可能なはずです。なぜなら、子育ても仕事も

その根幹にあるのは「人」だからです。

また、働くあなたには、社会でうまく振る舞う「ビジネス脳」があることでしょう。例え部分的にでも、それを子育てに活かしたり、応用することは有益です。

子育てに応用できるビジネス脳には、次のような特長が考えられます。

●どんなときでも感情をマネジメントできる点。
●相手の「声なきニーズ」に先回りして気付くことができる点。
●心を込める箇所と、テキパキと速度優先で処理すべき箇所を、合理的に見極めることが上手にできる点。
●保育園や幼稚園、遊び仲間など、子どもの所属するコミュニティーへの「根回し」が上手にできる点。
●本音を人にぶつけず、オブラートにくるんで伝える「優しさ」がある点。
●最後まであきらめず、前向きに取り組む「ポジティブさ」がある点。

「私は、そんなビジネス脳は持ち合わせていない」という方も大丈夫。子育てと仕事の両立を通して、これらの能力を磨いていけばよいのです。ではそのためにどうすればよいのかを、具体的に見ていきましょう。心もきっと強くなるはずです。

●徹夜などはできるだけ避けましょう。体に負担をかけ続けると、どうしてもネガティブ思考になりがちです。

●「仕事を続ける理由」を意識することは大切です。お金か自己実現か、はたまた社会貢献か⁉

●心身の癒しスポットを開拓しましょう（映画館、書店、美容室、マッサージなど）。

●落ち込むヒマがあるなら、自宅の床でもピカピカに拭いてみましょう。

「悩み事は1円にもならない」というシビアな精神も、ときには必要です。

●子どもの写真や、直筆のものを持ち歩きましょう。「ママ、がんばって」などと書かれたわが子の文字は、つたないほどヤル気が出ます。
●面識がなくてもいいので、「メンター」的なワーママのブログを、お気に入りに登録しましょう。前向きな人からはパワーをもらえます。
●育児書売り場よりも、ビジネス書売り場へ足を運びましょう。子どものことで不安にかられて育児書を読んでも、心配になるだけかもしれません。それよりも時短術やメンタルの鍛え方を研究しませんか。

自分が調子のよいときには気付きにくいことですが、仕事上のピンチに立たされたときこそ、実は子どもに優しくなれるチャンス。「弱者」の立場になったときこそ、幼い子どもの気持ちがよくわかるものです。そして、わが子こそ「無条件であなたを受け入れ、求めてくれる存在」だと痛感できたら、それはあなたの成長にきっとつながることでしょう。

第2章

“預け方”が
うまい人ほど、
仕事もデキる！

「みんなで育児するメリット」に
目を向けよう！

腹をくくって、わが子を人に委ねよう

この章では「他人に子どもを預ける」ということについて、お話ししていきましょう。最初にお断りしておきたいのは、本書は模範的な「育児についてだけの教科書」ではない、ということです。「子どもの将来のために、親自身の手間や時間、お金をかけて、できる限りベストな環境を用意していこう」という考え方とは少し異なるかもしれません。**「子どものことはもちろん大切だし、世界で一番愛しているに決まっている。それでも……、私は働きたい！」**と奮闘するワーキングマザー（以下ワーママ）の心にそっと寄り添うような存在でありたいと願っています。

ある程度の金額を定期的に「稼ぐ」ことを目指す場合は、保育園や幼稚園などに長時間預けることが必要になってきます（祖父母など親類の全面的な協力がある場合をのぞく）。そもそも、誰かに「預ける」ことに罪悪感を感じてためらう人は、厳しい言い方になるかもしれませんが「働く必要」や「働く動機」がないのかもしれません。「ママが働く」とは、すなわち「子どもを人に委ねる」ということと同じなのです。あなたの「働きたい」という気持ちが強固であるならば「人に委ねる」ということを、前向きに、建設的にとらえませんか。**肩の力を抜いて、「他人にわが子をハッピーに委ねるコツ」を一緒に考えていきましょう。**

まず、私の保育園ママとしてのキャリアをお話ししましょう。私は長女を1歳半まで世田谷区で育てました。自主保育のグループに参加し、毎日のように公園などで、子どもと共に遊んでいました。

しかし、予期せぬ次女の妊娠が発覚。次女出産後の仕事復帰のためにも、きょうだい揃って通える保育園を見つけなくてはと、保育園探しを突然始めたのです。待機児童問題のことなども聞いていたので、何かと不確定要素の多い「認可保育所」（※注：居住区の保育課などを通して申し込む園）に入ることは早々にあきらめ、「認可外保育施設」を探しました。

東京都内を中心に何十本も電話をかけて、やっととなりの区にある「認可外保育施設」から入園の許可をもらって、わざわざ引っ越し。長女は2歳から、次女は1歳からその園にお世話になりました。それまで「保育園に入るのは難しい」と考えていたのですが、それは大きな誤解だと気付きました。

保育園には前にも述べた通り、「認可保育所」や「認可外保育施設」、「認証保育所」（東京都独自の基準）などがあります。確かに「認可保育所」は定員オーバーであったり、希望のところに入れない可能性は高いですが、認証保育所や認可外保育施設なら、入れる確率はぐっと高くなります。また、認可保育所以外では、延長保育で夜遅くまで預かってくれるところもあります（要別料金）。「認可保育所に入れない」からといって、働くことをあきらめることはありません。

保育園時代とは、ワーママにとって「子どもにとって、よいこと」と「仕事の都合」を天秤にかけ、すり合わせていくという生き方の、ほんの〝入り口〟にすぎません。大切なことは、そのさじ加減を決めるのが「あなた自身」であるということ。それは、例えて言うと、鉄道敷設の計画を自分で考え、電車を日々走らせるような〝一大事業〟です。中には「一旦レールを敷いたはいいけれど、なかなか電車が走らない」という人や、「脱線ばかりしている」「保育料がかさんで、赤字もいいところ」と嘆く人もいるかもしれません。しかし、あなたがワーママであることを選んだのなら、細々とでも〝運営〟を続けてほしいと思います。**今は苦しくても、何年かあとに黒字経営になればよいのです。**

母親も笑顔になれる保育園とは？

保育園選びとは、ある意味「現実との妥協」の産物です。「子どもが快適に過ごせる園」という〝理想〟と、「働くママにとって都合のよい園」という〝現実〟。この二つの「ものさし」で保育園を探し、ほどよいところで折り合いを付けることになります。

「保育園選びの基準」について説いた情報は、本やインターネットなどにあふれていますが、必ずしもうのみにすることはありません。なぜなら、ひとくちに「ワーキングマザー」と言っても、仕事観にそれぞれ温度差があり、勤務時間や勤務形態も大きく異なるからです。広い世の中、自営業者や経営者など「猫の手も借りたい」という状態の「激務型ワーママ」は、少なからぬ数、存在します（私の知人の経営者ママは、定期的にお手伝いさんを頼んでいます）。

本書では「激務型ワーママ」についても考えてみたいと思います。なぜなら私自身もフリーランスではありますが、夜昼なく働く「激務型ワーママ」だからです。

「激務型ワーママ」から見ると、一般的な「保育園選びの基準」は、しばしば現実的ではありません。例えば、「よい保育園の条件」の一つとして「園庭があること」がよく挙げられています。子どもにとって「園庭がある保育園」は、もちろん「よい」環境であるかもしれませんが、その保育園の預かり時間が、最長でも夜19時までだとしたら。残業や出張、接待などが目白押しの「激務型ワーママ」にとっては、決して「よい園」とは言えないでしょう。

また私は多くの保育園を実際に見学したことがありますが「園庭がないからこそ、晴れた日は毎日、散歩に出るなどして外遊びを実践している」というところもありました。情報に惑わされず「仕事への意志を貫くこと」もときには必要です。

このように、パパに送迎を手伝ってもらう見込みがない限りは、ママ自身の「仕事観」を軸に、保育園を選ぶことになります。具体的には「夜の預かり時間」が最長何時まで延長できるかがキーになってくるでしょう。

ママのストレスが高じて、仕事をやめることになっては、何の意味もありません。**保育園は、何度やめても「あとがある」。でもあなたが仕事をやめたら、「あとはない」かもしれないのです。**

「激務型ワーママ」にとっての保育園選びの基準は次の三つです。

①突然延長保育をお願いしたとき、お迎えに行っても笑顔で迎えてくれる

②父兄の行事参加を強要しない

③「備品の手づくり」など、父兄に「作業」を強制しない

私が今お世話になっている保育園は、①〜③をすべて満たしており、仕事に全力投球できています。また不思議なことに、子どもたちも揃って「今の保育園のほうがよい」と言うのです。はっきりとした理由はわかりませんが「母親が仕事に打ち込めるようになり、笑顔が増えた」というのは理由の一つとしてあるように感じます。

また、以前はママ友がたくさんいて、送迎時の活発な交流に巻き込まれていましたが、今ではゼロになりました。しかし、不便でもありませんし、寂しさも感じません。「保育園選びが子どもの将来を決めてしまう」といわんばかりの〝思い入れ〟や、「ママ友とは仲よくすべき」という〝呪縛〟から、自由になれるワーママが増えることを願っています。本章では保育園とのよりよい〝外交術〟についても見ていきます。

保育園は、いつでも転園できる！

この本を手にとってくださったあなたは、すでに、保育園に通うわが子をお持ちのワーママさんかもしれません。ここでは、「今通っている保育園と合わなかったらどうするか」ということについて考えていきましょう。保育園というのは、入ってみないとわからないこともたくさんあるものです。

わが家の場合、子どもたちは二つの保育園を経験しています。最初に入った「認可外保育施設」に約2年お世話になったあと、親の「働きやすさ」を求めて、認証保育所に転園しました。

最初の保育園のとき。ホームページには「月〜金曜日は7時30分〜19時、土曜日は9時〜17時」と書かれていましたが、実状は全然違いました。

まず、土曜日の預かりはまったくありません。また、驚くべきことに園長先生との「面談」で各家庭の預かり時間が決められるのです。きょうだいでの入園が多く、その点は親からすると助かるのですが……。お迎えの時間は17時半から18時が平均的。突然の延長保育には対応してもらえますが、19時にお迎えに行ったら、3世帯くらいの子どもたちしかいない、ということも珍しくありませんでした。

わが家の預かり時間は、8時30分から17時15分。これではフリーランスと言えども、仕事が増えてきては困ります。朝から地方出張が入ったときのこと、ホームページにあった通り、7時30分からの預かりをお願いしたところ、引き受けてはもらえたのですが「これからは、なるべく預かり時間内でのお仕事にしてください」と連絡ノートに書かれていたときには、驚きました。園にはほかに小学校から高等学校まで「先生」として働くワーママが3人ほどいましたが、「母親の勤務時間を短くできないか」など保育園側から打診された方もいたようです。

「子どものために最高の環境を」と思って自ら選んだ保育園でしたが、その後、転園に踏み切りました。その結果、私は飛躍的に働きやすくなったのです。子どもたちも、環境の変化に柔軟に対応し、私の笑顔が増えたせいか、「今の園のほうがいい」と言ってくれています。特に次女は、前の園に行きたがらなかったことも多かったのに、毎朝喜んで登園するようになりました。このように保育園選びは「リセット可能」。何も「前科」や「離婚歴」が残るほどのおおごとではありません。

属する組織の事情で業務量が増えたり、ポジションが大きく変わったり。自営業の場合でも急激に事業が拡大したりということはあるはずです。そのようなときに「今の保育園だと、対応してもらえない」とあきらめるのは、もったいないことです。

わが子が現在通う保育園は、8時~19時の間なら「送迎はいつでもよい」という自由なスタイルです。前日までにお願いすれば、補食付きで21時まで預かってもらうこともできますし、土曜日の保育も可能です（要別料金）。

お迎えが遅くなった日の翌日は、保育士さんたちにお礼を言うようにしていますが、「とんでもないです。それよりお仕事を頑張ってください！」といつも笑顔で返してくださいます。

そして毎日「お預かりします、行ってらっしゃいませ！」と丁寧に送り出してくれる園。それほどワーママにとって安心できる対応はないでしょう。なぜなら、私たちワーママは、子どもに関することについては〝過敏〟になっているからです。他人の何気ない言葉がひっかかって、1日の仕事のパフォーマンスに影響することもあります。しかし反対に、**ささやかな言葉から途方もなく大きな力をもらうこともできるのです。**

あなたのお子さんが通う園は、どんな園ですか。

「ダメ親」と思われないにはコツがある！

わが子が現在通う認証保育所は、いわば「激務型ワーママ支援型タイプ」。保育料以外に「親が手間を要求される」ということがありません。ときどき着替えの補充をするくらいで、日々の持ちものは小さなタオル2枚と連絡ノートのみ。週に1度、昼寝用のバスタオルを持参するだけです。

親が参加する行事は年に2度ありましたが、事前の準備などはゼロ。気軽に出かけ、子どもたちを観察するという形でした。このような保育園生活の場合、親の間の〝子育てへのヤル気〟の差は（よくも悪くもですが）非常に目立ちにくくなります。

しかし、このような環境であっても、やはり「親が頑張ることで、子どもたちが過ごしやすくなること」というのはあるものです。

ことさら「よい親」と思われなくてもいい。しかし、子どものためには「ダメ親」の烙印は、できれば押されたくないものです。そのために気を付けるポイントをお話ししましょう。保育園と、より仲のよい関係を築くことができれば理想的ですね。

【ダメ親と思われないコツ①】連絡ノートを丁寧に書く

少しの手間で効果が高いのがこのワザです。食事内容はもちろん、フリースペースの連絡欄も、できる限り丁寧に書くようにしています。休日の翌日は、「休日のおでかけの報告」なども書いておくと、保育士さんにとっても子どもとの会話の「ネタ」になるようです。「いつも丁寧に詳しく書いていただき、頭が下がります」と保育士さんに言われたことも。もちろん本当に忙しい日のフリースペースは「元気です」のひと言でいいのですが……。

【ダメ親と思われないコツ②】保育士さんに「ママの本音」を話しておく

すべての保育士さんと仲よくなる必要はありませんが、せめて担任（担当）の保育士さんとは、ママの仕事観を共有しておけるといいですね。立ち話の際などでも、自分の仕事の内容や忙しさ、仕事への切実な思いをこまめにアピールすることが重要です。例えば「今、仕事をセーブすると、自分のポジションがなくなってしまう」など、多少「盛って」もいいので、経済的事情を匂わせることは有効です。同時に「子どもを寂しがらせるのは心苦しい。普段と違うおかしなクセを見かけたら、ぜひ教えてほしい」など、育児への思いも忘れずに。保育士さんも専門家で、誇りをもった〝仕事のプロ〟。尊敬の気持ちを持って、上手に頼りたいものです。

【ダメ親と思われないコツ③】爪、前髪、衣類の袖口の「長さ」に気を付ける

忙しいと、親が切り忘れ、伸び放題になってしまうのが、子どもの爪と前髪。加えて、いかにも「お母さんが忙しくて子どもにかまっていない」という雰囲気をかもし出してしまうのが、袖口の長い洋服です。いずれも、子どもたちは不快さを訴えることはできても、自分で対応することができません。

特に洋服の場合、「いずれ大きくなるから」と大きめのサイズを買いがちになる心理はよくわかりますが、丈詰めする時間がない場合、ジャストサイズのものをタンスに常備しておきたいものです。以前、長袖のTシャツ5枚の両手袖を丈詰めしたことがありますが、慣れないこともあってか、のべ2時間以上はかかりました。今なら、裁縫を代行してくれる業者を探すことに労力を割くと思います。

保育士さんを味方に付けると、仕事の能率は格段に上がります。ある日、予期せぬ形で1時間ほど延長保育になってしまったとき。平謝りしていると、年配の保育士さんに、笑顔で優しくこう言われたことがあります。

「お母さん、こんなことをいちいち気にしていては働けませんよ」

このひと言を、私は多くの〝闘うワーママ〟とシェアしたいと思います。

ママ友ゼロ、でも大丈夫！

保育園時代の「ママ友」との付き合い方について見ていきましょう。私はママ友との両極端な「お付き合い」の濃度を経験しました。最初の保育園では「ベッタリ、ドップリ」、現在の保育園では「お付き合い、ほぼゼロ」です。どちらも経験して感じることは、「仕事の支障にならない範囲で、負担を感じない程度にお付き合いを楽しめればラッキー」というくらいのスタンスでいることです。

「ママ友と活発に交流し、地域ぐるみで子育てをしている」という状態は、一つの〝理想〟であることでしょう。しかし、ここではあえて「ママ友との付き合いを負担に感じている」という方に参考になりそうなことをお伝えしたいと思います。なぜなら「ママ友とムリしてまで付き合わなくてもいい」という論調は、メディアでほとんど取り上げられないからです。以下に私が経験した、〝ママ友付き合い〟の三つの「デメリット」を挙げておきましょう。

デメリットの一つ目は「労働時間のロス」です。ママ友がいると予期せぬ「番狂わせ」がスケジュールに生じるものです。ある日の送迎時、ママ友にお茶に誘われたときのこと。「電話をする用件があるので、30分だけね」と〝ウソ〟をつき、自分なりの〝予防線〟を張ってから喫茶店に入ったことがありますが、結局雰囲気に流されて1時間もおしゃべりをしてしまったことがあります。

デメリットの二つ目は「手間が生じること」です。ママ友が多いと派生するのが「モノ」のやりとりですが、これも時間的に負担になります。例えばお下がりをいただいた場合。結局は使わないまま処分するハメになったり。お返しに「何をしようか」と悩んだり。お返しの品を渡すため、保育園でそのお母さんを待ったり。「お下がりを受け取った」ということに対して、三つのアクションが派生してしまうのです。

そして、デメリットの三つ目は「個人情報のろうえい」です。最近ではツイッターやブログ、フェイスブックなどのソーシャルメディアで情報を発信することが当たり前となりました。ネット上での他人からの中傷や〝ブログ炎上〟などは恐ろしいものです。しかし私はそれよりも警戒すべきは、同じ園のワーママではないかと感じています。自分が「噂」の主人公になってしまうリスクがつきまとうのです。

うちの次女の話になりますが、出産時にトラブルがあり、救急車で大学病院に搬送され、呼吸がうまくできないということでNICU（新生児の集中治療室）で数週間を過ごしました（特に何かの疾患などではなく、今でも元気です）。そのときの体験を「少しでもほかの方のお役に立てば」とブログに書き綴っていました。次女の出産を終えて、初めて保育園に出かけたときのこと。園長先生のほうから、ねぎらいの言葉と共に「なぜ、NICUに行くことになったんでしょうね？」と突然聞かれたのです。園長先生のとなりには、私のブログにメッセージをくれたママ友の姿があり、その方も会話に割り込んできたので、「この人が園長先生に話したのだな」ということは容易に察しがつきました。

それから「こんなことを書いたらママさんたちに何か言われるかな」という思いにしばられながら、セルフメディアを更新するようになりました。しかし、転園先ではそのような濃密な人間関係はなくなり、のびのびとブログを書いています。

あなたがもし、ママ友との付き合いをきゅうくつに思っているなら、「心の中で一線を引く」ことをおすすめします。シビアなようですが、小学校に入るまでの「期間限定のお付き合い」という見方もできます。それより、〝よい仕事〟を残したいとは思いませんか。

お義母さんは「取引先」だと思えばいい

ここでは、子どもをお義母さん（姑さん）にみてもらうことについて考えていきます。ワーママを観察していると2タイプに分かれます。〝近くのお義母さん〟に子どもを「預ける派」と、「絶対に預けない派」です（あまりの忙しさに、途中から「預ける派」に転向する人もいます）。

私は「絶対に預けない派」で、民間のシッターさんの派遣業者を利用していますが、1年に1度や2度はお義母さんを頼ることもあります。最初のころ、「お義母さんに子どもを預けるのは心の負担だ」と夫に訴えると、こう言われました。

「義母との付き合いこそ、仕事感覚で乗り切ればいい。苦手な取引先と、何時間も商談するのと、どっちがマシなのか考えてみては……」。それから少しラクになったような気がします。次に、お義母さんに子どもを委ねるコツを挙げてみましょう

●お義母さんに子どもをうまく委ねるために

【コツ①】オファーの段階は夫に任せる

お義母さんに子どもをお願いする段階は、もっとも「心のハードル」が高いもの。そこで夫にお願いしてしまいましょう。預かってほしい日時や、場所については伝達ミスがないよう夫にメモを渡すのがベスト。また夫に「自分も都合がつかなくて……」と言い添えてもらうと先方への印象は変わります。

【コツ②】感謝の気持ちは、何度も強く伝える

「お義母さんがいてくださって、私も働くことができて助かります」など、感謝の言葉は惜しみなく。お義母さんのモチベーションも上がるというものです。「子どもがお義母さんに会いたがっていました」という言い回しでも、気持ちは伝わります。

【コツ③】子どもが喜ぶ「鉄板おもちゃ」を用意する

子どもが大好きだったり、喜ぶ遊びを用意しておきましょう。目新しいおもちゃや絵本などでもよいでしょう。ただし、子どもに見つからないよう紙袋などに入れて、こっそりお義母さんに伝えるのがコツです。「万一、機嫌が悪くなったり、グズったらこれを出してください」とひと言添えて。

【コツ④】「今から帰るコール」を忘れずに

お義母さんのもとに戻れる1時間、最低でも30分前には電話で連絡を入れたいもの。「予定が見えないまま、待たされている状態ほどつらいものはない」と、社会人のあなたなら想像できるはずです。

【コツ⑤】巻き寿司などを手土産に

お義母さんのもとに帰るとき。すぐに食べられる手土産を持ち帰りましょう。「子守り」でクタクタ、自分の食事さえとれていない可能性があるからです。例えば、にぎり寿司のように「小皿にしょう油を入れて……」と手間がかかるものより、手づかみですぐ食べられる巻き寿司のようなものを。

●お義母さんに自宅に来てもらう場合

【コツ①】メークはお義母さんの到着前に

自分の身仕度はすませておくのがベター。特にメークをする姿は、例え薄化粧でも「母親なのに自分のことに手をかけて」と年配者の目に映るものです。

【コツ②】子どもの食事類はつくっておく

自分の外出中に食事の時間をまたぐ場合は、子どもの食事はつくり置きしておければベストです（忙しくても、せめて米だけは炊いておきたいもの）。お義母さんの食事を用意できない場合は「何か食べ物を持参してほしい」と伝えておきましょう。

【コツ③】「おもてなしの心」も忘れずに

テレビの付け方（電源やリモコンの説明）、布団や毛布、雑誌のありかなどを伝えておきましょう。「お義母さんもリラックスしてほしい」という気持ちが伝わればＯＫ。

忙しいパパほど、いいイクメンになる素質アリ

いまや、大流行の「イクメン」という言葉。2010年から「イクメンプロジェクト」（厚生労働省雇用均等・児童家庭局）も始まりました。イクメンとは「子育てを楽しみ自分自身も成長する（しようとしている）男性のこと」と定義されています。

あなたの家庭ではどうでしょうか。うちの夫は、ハッキリ申し上げて「イクメン」です。「母親よりも、子どもたちへの愛情を持った接し方ができている」と言っても言いすぎではないかもしれません。

そう書くと「うちの夫は仕事が忙しくて……」と切り返されるかもしれません。しかし、うちの夫も〝激務型〟の部類に入ります。テレビ業界で働いており、毎日終電

で帰宅。肉を焼くなど、自分で軽い食事をつくって晩酌を楽しみ、寝付くのは深夜2時以降。しかし子どもたちと接する時間を最大限に活用して、心の絆を着々と育んでいるように見えます。ここでは忙しいパパを育児に引きずり込む方法を見ていきましょう。ワーママの役目は、パパにうまく「仕事を振ること」です。**仕事を抱えすぎては全体が回らず、かえって迷惑をかけてしまうのは、職場も家庭も同じです。**

深夜帰宅組のパパでもできること

●晩ごはんを片付けて、全自動洗濯乾燥機を回してもらう

「終電で帰宅」と言えども、すぐに寝るわけではないはず。10分でもよいので、担当分の家事を片付けてもらいましょう。平日の育児参加はなかなか難しいとしても、家事をママとシェアするパパ（シェアしようと奮闘しているパパ）は、立派な「イクメン」です。

うちでは、「晩ごはんの片付けをせずに母子で寝る。台所は夜中に夫に片付けてもらう」ということがよくあります。「ママが数十分間、子どもに背を向け台所を片付けるよりも、絵本を1冊読んだり、少しでも早く寝るほうがよい」という考え方もあってよいのでは？　全自動洗濯乾燥機がある家庭は、夜向けの消音モードで回してもらいましょう。

●買い物を頼む

家電、家具などファッション性よりも機能性重視のモノなら、パパのほうがうまく「いいモノ」を見つけてくれるかもしれません。また忙しい人ほど通販好きだったりするものです。うちでは、デジタルカメラ、空気清浄機、浄水器、ママ用のパソコン一式、子どもの食事用イス、手洗い場の踏み台などはパパが通販で購入してくれたものです。誰が費用を負担するかについては話し合って。商品が来たら「パパプロデュースのイスだね」などと子どもと一緒に、素直に感謝の言葉を口にしましょう。

土日など余裕のあるときに

●ごはんをつくってもらう

失敗が少ないカレー（子どもは子ども向けのルーを使用）。パパ自身も好きであろう「焼きもの系」（焼き肉、焼魚など）。そして、必ず盛り上がるタコ焼き、お好み焼きなどの「粉もの」系。外食もいいですが、ぜひ積極的に台所に立ってもらいましょう。

●親子で掃除をしてもらう

「重曹でコンロの汚れを落とす」など、合成洗剤でないものでのお掃除は、子どものお手伝いに最適です。

●子どもたちを遊びに連れて行ってもらう

近場の公園に、子どもを1時間連れ出してもらうだけでも、ママは大助かりというものです。負担に感じないパパなら、プールや遊園地など、たまには1日コースで育児をお願いしてもよいのではないでしょうか。実家に遊びに行ってもらうのも手です。

ベビーシッターは、大事な「ビジネスパートナー」

ワーママの強力な味方の一つが「ベビーシッター」です。わが家は大変お世話になった時期があるので、付き合い方のヒントをまとめておきます。私はある派遣会社と契約し、３年間でのべ約50人のシッターさんを自宅に派遣してもらってきました。「有資格者で、ヤル気があり、長時間でもＯＫ」という優秀な方に出会えたときは、週に1度、保育園のあと定期的に来ていただいたこともあります。折り紙や絵本を持参するような熱心な方で、子どもたちも心待ちにしていました。

月額で最高約40万円、年額で最高約１００万円を費やしたことがあります（シッター料は当時、１時間約１３００円）。次女がまだ保育園に入園する前だったので、このような額にふくれ上がってしまったのです。しかし、おかげで「どのようにお願いすれば、子どもとよい時間を過ごしてもらえるか」が、かなりわかるようになりました。また、予期せぬ効果でしたが「人を動かすこと」の難しさも学ぶことができました。

〝ばっちりメーク〟の若いシッターさんがやってきたときは心配になりましたが、元保育士さんということが判明。子どもたちを喜ばせるのも上手で、「見かけだけでは判断してはいけない」と反省したものです。

育児を他人に委ねる際の基本的な心がまえとしては、どなたにお願いするにしても、「相手に期待をしすぎない」というのが大切な姿勢であるように思います。そして、こちらも心を開いてお付き合いすると、その人のできる範囲内ではあるでしょうが、精一杯尽くしてくださるものです。

もちろん、預け終わったあとに驚くこともあります。例えば私が外出して帰宅したとき。「持参していたあめ玉をお子さんにあげたら、おいしそうに食べていましたよ」と笑顔で報告され、「頼んでいないのに！」と卒倒しそうになりました。そこで私の気持ちを伝えようと、次のような表をつくり、口頭でお伝えして、壁にも貼っています。

【シッターさんへのお願いの表】

・持ち込んだおやつ、食べ物をあげないでください。
・散歩など、外へ連れ出さないでください。
・ベランダや廊下にも、絶対に出さないでください。
・インターホンや電話などには、対応しないでください。
・基本的に、子どもには自由に遊んでほしいと考えています。
・なるべく、絵本を読んでやってください。
・テレビは見せないでください。
・次女の着替えとオムツはバスケットの中。長女の着替えは、ベビータンスの中です。
・オムツは、ベビーベッドの横にあります。
・水は随時与えてください。（脱水症予防）

シッターさんにうまく子どもを委ねる技術を身に付ければ、仕事の際にも役立ちます。部下や同僚に仕事をお願いしたり、外注業者に業務を委託することと共通する部分があるからです。また、自分が仕事を請けたときの〝身の処し方〟の参考にもなります。過去に1人だけですが「今日は、とても疲れましたよ……」とこぼして帰られた方がいらっしゃいました。本音だとは思いますが、何とも言えないイヤな気分になり「自分はこのような働き方をしてはいけない」と自戒したものです。

最後に。保育園児の場合、帰宅後のシッターさんの利用は、いわゆる「二重保育」になります。子どもの気持ちを考えるとおすすめしたいわけではありません。しかし、万一のときの預け先として、確保しておいてもよいのではないでしょうか。共働き家庭にとって、頼れる先が一つでも多いに越したことはありません。お住まいのエリアで利用可能なシッターさん派遣業者を検索し、何社か試しておくとイザというときに安心です。

第3章

ワーママだからできる！
親子の絆の深め方

限られた時間だからこそ
まっすぐ向き合える！

子どもを本当に喜ばせられるのは、あなただけ！

「子どもとのコミュニケーションを十分にとれていますか？」

そう聞かれて、胸を張ってイエスと答えるワーママは、少ないでしょう。誰だって、子どもへの少なからぬ後ろめたさを抱えながら「働かないと生きていけない」「せっかく手にした仕事じゃないの」と自分を納得させて、日々働いているはずです。

子どもは「寂しい」と思っていても、言葉で伝えてくれることは少ないものです。その代わりに、さまざまな「非言語情報」で「不満」や「ストレス」を表現します。非言語情報とは、専門用語で「言語以外のしぐさや行動などで気持ちを表すこと」を言います。お子さんに**いつもと明らかに違う行動やクセが現れていたら、それは「寂**

しい」というSOSかもしれません。 できればそうなる前に気付いてフォローをするのが理想でしょうが、現実にはなかなか難しいものです。しかし、気付かないまま時間が経つと、ときに「事件」につながることがあります。

私が出版社に勤めていた20代のころ、忘れられない先輩社員の思い出があります。その人は、超ベテランの「ママ社員」で、２人の小学生の子どもを育てていました。仕事を自宅に持ち帰っていることも多かったようです。ある日、その先輩社員が、同僚にこぼしているのが聞こえてきました。

「うちの子、家のパソコンのマウスのコードを切っちゃったのよ、ハサミで……！」

そのとき痛感したのは「こんなに仕事がデキる人でも、仕事と家庭の両立は大変なのだ」ということ。そんな経験があるからか、私はわが子の異変はよくチェックするようにしています。

私が以前気付いたのは、次女の「おなか、痛い」という訴えです。これは非言語情報ではありませんが、「ウソで気持ちを訴える」というケースです。

次女が保育園に通い始めた1歳のころでした。腹痛かと思って病院に連れていきましたが、診察結果は「異常ナシ」。医者の見解としては「お母さん、よく子どもの話を聞いてみてください。かまってあげてください」。

つまり、うまく本心を伝えられない次女の気持を〝通訳〟すると「おなか痛い」とは「ママ、かまって」「ママと一緒にいたい」という意味だったのです。

このように、子どもの体や言葉を常に観察する暮らしをしていると、察知能力が自ずと磨かれてくるものです。この能力は、ビジネスにおいて、強みになるに違いありません。なぜなら、大人は「本音」と「建て前」を、子ども以上に上手に使い分けるものですから……！

私は「観察力を磨かせてくれてありがとう」と、子どもたちに感謝をするようになりました。子どもの気持ちをうまく察することができる人は、気難しい上役や取引先とのコミュニケーションも、きっと円滑に進めることができるはずです。

この章では、毎日の〝バタバタ〟の暮らしの中で、すぐにできるコツを集めました。

「疲れ切った仕事のあとに、帰宅してからも頑張れるわけがないでしょう！」という方には、とっておきのカンタンな魔法の言葉をおすすめしたいと思います。

「あなたが一番好きだよ」

子どもにとって、これ以上うれしい言葉はないはずです（きょうだいがいる場合は、それぞれに、なるべく聞こえないように）。

帰宅したら、とりあえずバッグを置いて、わが子を抱いてこの言葉を言ってみる。その習慣を数日間続けるだけで、親子の関係が少し〝暖かくポカポカしたもの〟に変わってくるかもしれません。**子どもに魔法をかけられるのは、あなただけなのです。**

保育園への送迎が10倍楽しくなる8つのポイント

大人が子連れで歩くとき。それは大人だけの場合の2～3倍もの時間がかかります。この時間を親子のコミュニケーションに使わない手はありません。もちろん、普通に歩くだけでも楽しいものですが、ご提案したいことをまとめました。

いろいろ学ぼう

●歌を歌う

4拍子、もしくは2拍子の歩きやすい曲を歌って歩きましょう。子連れなのですから、周囲の人に聞かれても恥ずかしいことはありません。特に通りすがりの年配の方からは、あたたかい視線や言葉をいただくことが多くありますよ。

●看板を観察する

子どもが数字やひらがななどに興味が出てきたら。街中の看板の電話番号などを見て「03って書いてある！」などと反応を見せてくれることがあるかもしれません。帰宅後に数字の勉強を始めるなど、興味の芽はうまく育ててあげたいですね。

●空を観察する

夕方のお迎えの際に一番星が出ていないか。もしくは月が出ていないか。空を眺めると会話も転がります。月の場合は満ち欠けを継続的に観察でき、「学び」にリアルにつながります。天文の知識は重要ではありません。「月は毎日姿を変える」という事実を親子で面白がって、「不思議だね」という気持ちを共有するだけでも素敵なこと。自転車などによる短時間の送迎の場合でも「暗くなるのが早くなってきたね」などと気付きを促すことができます。

社会について知ろう

●交通事情を感じよう

信号や横断歩道など社会のルール、交通事故などのリスクについて、教えなければいけないことは、山ほどあります。「どうして赤信号なのに横断歩道を渡る人がいるの?」と聞かれた場合、さてあなたはなんと答えますか。親の思考力も磨かれます。

●「働く」という世の中の動きを知ろう

朝の登園時は車や人の往来が激しいもの。「朝だから交通量が多い」ということから始まって「毎日、朝から働く人がいることで、社会が動いている」ということなどを話せればよいですね。またパトカーや救急車、宅配便の車やミキサー車など「働く車」が通ったら、それぞれの仕事についても、あなたの言葉で話してあげましょう。あなたは最高の「先生」です。

●「さまざまな人がいること」に気付こう

白杖をついている人、車椅子の人、盲導犬連れの人、妊婦さんなど、普段見慣れない要素を持つ人を見かけた子どもは、あなたに「事情」を聞いてくることでしょう。納得のいく答えを与えてあげたいものですね。そして、「もし困っている人がいたら、お手伝いできればうれしいね」「社会にはいろんな人がいて、みんな一生懸命生きているんだよ」。ソーシャルな視点を養う絶好の機会です。

寄り道しよう

●図書館などの公共施設

通り道に、図書館などの公共施設があればよいですね。わが家では少し回り道をして図書館に寄ることがありますが、子どもたちの満足度はとても高いです。

●ＡＴＭでお金を下ろす

「お金が機械から出てきて不思議」というだけでなく、経済の仕組みをわかりやすく説明できれば最高ですね。それは親にとってもワクワクする試みではないでしょうか。

お迎えの時間は、貴重な親子のデートタイム

保育園の「お迎え」（保育園からの帰宅）。お仕事帰りのワーママにとっては、歯をくいしばって最後の力をふりしぼるべき、いわば「最終ラウンド」の始まりです。

とはいえ頭の中ではまだ仕事のことを考えていたり、家に帰ってやるべきことを思うと一刻も早く子どもを連れて帰ろう……などと何かと急《せ》いた気持ちで保育園の門をくぐることもあるでしょう。

しかし、子どもにとっては「やっとママに会える」という至福のときなのです。

このギャップを認識するだけでも、何かが変わるかもしれません。私が気付いた〝お迎え〟のスキルを次に挙げてみましょう。

【お迎えのコツ①】小腹は必ず満たしておく

かわいいわが子でも、子連れの移動には多少の「イライラ」がつきまとうもの。お迎えに余計なストレスを持ち込まないためにも、気軽に口にできるもので「おなかペコペコ……！」という状態は解消しておきましょう。

【お迎えのコツ②】手荷物はなるべく減らしておく

安全性の観点から、子連れでの移動は両手が使えることが大前提。荷物が軽くなると気持ちにも余裕ができ、子どもにも笑顔を見せやすくなります。

【お迎えのコツ③】長い髪は結ぶ

私がよく想像して身震いするのは「風が吹いたときに、子どもの手を離し、顔にかかった髪をかき上げた一瞬に、わが子が車道に飛び出したら……」という情景です。

【お迎えのコツ④】ポケットティッシュの用意はあるか

鼻水（まれに鼻血）が垂れたり、トイレのない場所で尿意をもよおしたり。子連れで歩いていると、「トラブル」の連続。とにかく一つ、携行しておくことが肝心です。

【お迎えのコツ】

①
小腹は必ず満たしておく

コンビニのおむすびでも、1かけらのチョコレートでも。お迎え前に、あなたなりの方法で余計なストレスは取り除きましょう。

②
手荷物は減らしておく

手荷物が多くなってしまったら、自分だけ一度帰宅するか、コインロッカーに預けるか。究極は宅配便で送ってしまう手もあります。

③
長い髪は結ぶ

特に子どもが2人以上いる場合。キレイにセットした髪でも、園に入る直前に結んだり、まとめるのが理想。気分も切り替わります。

④
ポケットティッシュは忘れずに

急な鼻水、鼻血、泥だらけの水たまりに飛び込んで行くことも……。どんな日でも、テッシュの携帯は絶対に欠かせません。

最後に「あいさつ」について。

あなたはいつもお迎え時に、子どもの目を見て「お帰りなさい」と心を込めて、あいさつを交わしていますか？　以前の私は「ＮＯ」でした。最初の保育園のとき。迎えに行っても遊んでいる最中の子どもに気付いてもらえなかったり、おまけに「私の顔を見てから、わが子がおしたくを始める」という状況で、長いときには園から出るまでに30分かかることも日常茶飯事でした。私はイライラ。「早くしなさい！」と子どもに怒り顔で連呼しつつ、仕事先から携帯電話で連絡があれば平身低頭で対応する、という曲芸師のような状態でした。そのような状況では、残念ながら「今日は○分も待ったよ！」という言葉があいさつ代わりになってしまうものです。

今の保育園では、体制の違いもあり、お迎えに行くと5分もせぬうちに帰れるようになりました。「お帰りなさい」という言葉でスムーズにお迎えができるようになったのです。そして、ある日のお迎えのとき。わが子が、こんな言葉を発しました。

「ママ、お仕事、お疲れさま！」

となりにいたママさんが「素敵なごあいさつね」と驚いていましたが、私もびっくり。

「誰かにそう言いなさいって言われたの？」と子どもにたずねると、こう答えました。

「誰にも教えてもらってないよ。自分で言おうと思ったんだよ。ママが、いつも優しく『お帰り』って言ってくれるから、私も何か言いたくなったの」

「お帰りなさい」という声がけをすることは、ごく当たり前の習慣にすぎませんが、大人が考えている以上に大切なコミュニケーションなのかもしれません。

あなたのお迎え時の第一声は、何ですか。

子どもに遊びを「プレゼン」しよう！

保育園から帰宅したら。夜ごはんの支度をするために、「とりあえずテレビ（DVD作品などを含む）を見せる」というママは（ワーママに限らず）、多いのではないでしょうか。もちろん、すぐれた教育番組は多いものです。新しい言葉を知ったり、数の概念に触れられたり、コミュニケーションの仕方を学べたり。しかしテレビは人生の数ある「楽しみ」のうちの一つにすぎず、「リアル」な世界には、ほかにも面白いことがたくさんあるはずです。忙しい中でも、ママがそれらをきちんと伝えていければ、どんなに素晴らしいことでしょう。テレビ以外のリアルな「遊び」を提案してみませんか。子どもの遊びのバリエーションの豊かさは、ママの「力量」を反映することにもなります。100円均一の店で「子どもが好みそうなもの」を探ったり、お義母さんに「昔ながらの遊び」を聞いてみるのも手です。わが家の人気の遊びをご紹介しましょう。

【人気の遊び①】ビーズ作品づくり

ビーズといっても針と糸は使わずに、細いゴムひもを通すタイプの「大型」の製品です（100円均一の店で入手可能）。個人差もありますが、つくり方を説明してあげれば、意外と1人で作品づくりに熱中するものです（2歳児でも簡単な作品をつくることができます）。

【人気の遊び②】シール貼り

キャラクターもののシールは価格が高いもの。「事務用」のシールでも十分楽しむことができます。形は円形、四角など「単一」でもよいのですが、色数の多い製品がよいでしょう。低年齢のうちは床や壁、家具など「目についたところに貼ること」をくり返していますが、だんだんと画用紙などに貼ることができるようになります。わが家の場合、親が描いた「リボン」の形の線をなぞるようにシールを貼ったり。さらには、自分で描いた線の上にシールを貼り、何かを表現するようになりました。

【人気の遊び③】「ドリル」

文字や数字などの「暗記型のお勉強」に直結するタイプではなく、「鉛筆・ハサミに親しむ」という観点から編集されているものが最初はおすすめです。「落書き」「運筆」「迷路」などがキーワード。

書店の児童書コーナーに行けば、各社から驚くほどの点数が出ています。どの体裁のものがよいか、子どもと相談しながら選ぶとうまくいきます。

何かをつくったあとの子どもは、いい表情をしています。「私が、コレをつくったんだよ！」という充実感にあふれています。自分の手で何かをつくり、表現することは、自分が「情報の送り手（発信者）」になるという楽しみなのです。大人にも言えることですが、「誰か開発したり、発見したり、表現したことを見聞きして、感動したり、驚くこと」は「情報の受け手」になることで、ある意味ラクなことです。しかし情報の送り手になることは、なかなか難しい。子どものころから「情報発信体質」に導くことはできるのかもしれません。

大切なことは「ひとり遊び」を満喫したあとに、マンツーマンで見つめ合ったり、子どもの話をじっくりと聞く瞬間を意識的に設けることです。ごはんを食べるとき、もしくはお布団の中でもよいでしょう。子どもたちは、その一瞬のために、1日を全力で生きているのですから。

子どもだって、頼られたい、役に立ちたい！

ここでは「お手伝い」について取り上げます。

まず大人の「仕事」ということについて考えてみましょう。私は現在、フリーランスとして働いています。最初は「書きたい雑誌」の編集部に電話をして自己紹介をし、面談を経たあと記事を書かせてもらう。そんな昔ながらの営業方法で、お仕事を増やしてきました。営業のために出したメールも、のべ100通を超えます。そのうち、お仕事につながったのは約3社。確率にして約3％、なんと消費税の税率よりも低い（笑）。だから「仕事を頼まれること」が、飛び上がるくらいうれしいのです。

反対に、出版社に勤めていた20代のころは「仕事を頼まれること」を苦痛に感じる時期もありました。すでに抱えている業務が多い場合は「また負担が増える！」という考え方になりがちです。しかし本来、組織の一員であるにせよ、「仕事を頼まれる」とは信頼されている証拠。そもそも人間にとって、働くことは「生きる喜び」であるはずなのです。

そんな経験もあってか、私は子どもに「仕事を通して、充実感を味わってほしい」と考えています。

子どもに気持ちよく手伝ってもらうのは、超カンタン。「自分自身が職場で言われたらうれしい言葉」をかけて、ヤル気を引き出せばよいのです。例えば……。

「ちょっと難しいけれど、あなたならきっとデキると思うんだ」

「これはぜひ、○○ちゃんにやってほしい仕事だよ」

こう言われて発奮しない大人は、おそらくいないでしょう（笑）。その心理は、子どもも同じです。

また、「頼りにしている気持ち」を伝えることです。以前、私は子どもに本音を明かしたことがあります。「ママは忙しくて、育児にまで手が回り切らないから、みんなが自分でできることをやってくれるとすごく助かるんだよ」。それから、協力的になってくれたような気がします。大人だって、上司から高圧的に仕事を命じられるより「助けてもらえないか」と言われたときのほうが、モチベーションが高くなるものです。

仕事のあとは、お礼を言うことも大切です。

「ありがとう！　すごくいい感じにできたね」

「急いでいたから、助かっちゃったよ」

これも、大人が言われてうれしい言葉と同じで

す。

では具体的に、どんなお手伝いをお願いすればよいのでしょうか。子どもが活躍できるのは、まず台所です。おかずを盛った皿を食卓に配んでもらったり、お水をコップに注いでもらったり。もずくや納豆などのパッケージを破いてもらったり。ほかにも、子どものできる仕事はたくさんあります。

次女が2歳だったときのこと。スーパーのレジで手がふさがっている私を見かねたのか、店員さんが差し出したレシートを、突然ひったくるように奪い、私に渡したことがありました。そして、あとから何度も「ママ、さっきは助かったでしょ？」と恥ずかしそうに聞いてくるのです。驚いた顔をした店員さんには申し訳ないことをしましたが、わが子が本当に愛おしくなりました。

子どもの将来の「仕事」に関して考えることは、まだまだ早いことでしょう。しかし、「私がやる！」という積極性は、幼いうちからある程度伸ばすことができるのかもしれない、と感じます。また、自主的に仕事をしようとする子どもの姿勢に触れると、背筋がピンと伸びるような気分になることもあります。誰だって「ヤル気」のある人に仕事を頼みたいものだからです。

最後に、もしあなたに「部下」がいるのなら。部下をどう伸ばせばよいか悩んでいるとしたら。子育ての経験は大きな武器になるはずです。「他人のヤル気を引き出し、仕事をうまく遂行させること」ほど難しいことはありません。しかし、**子どもに気持ちよく動いてもらえたとき。あなたのビジネスの能力もアップするに違いないでしょう。**子育てとビジネスに共通する能力を、うまく伸ばしていきませんか。

お風呂タイムは楽しい「学び」時間

ここではバスタイムをより心豊かに過ごす方法をご提案します。

実は、風呂場には「国語・算数・理科・社会」など、ほぼ全科目の〝タネ〟がひそんでいます。そもそも、子どもは水に触れることが大好き。のぼせない程度に湯船でささやかな〝勉強〟を楽しんでみませんか。湯船はいわば〝小さな小さな学校〟です。「知る喜び」をわが子と共に味わえるのは、子どもが幼いうちだけかもしれません。

国語ごっこ

「あいうえおの表」の防水ポスターを浴槽近くの壁に貼ります。防水ポスターとは次の項目以下すべてに共通することですが、水だけで壁に貼り付くシートのことです。100円均一で購入可能（大型店などで探してみてください）。文字だけでなく、「あ」＝「あり」、「い」＝「いぬ」などイラスト付きのものが親しみやすいもの。『あ』が付く言葉って、何がある？」という問いだけでも、会話は〝ノンストップ〟です。

算数ごっこ

「数字の表」「九九の表」の防水ポスターを浴槽近くの壁に貼ります。100まで数を一緒に数えたり、「これ何本？」とママが出す指の数を数えてもらったり。

九九の表は、「掛け算」という概念がわからなくても、耳に慣れ親しませることに意味があるようです。うちでは3歳の次女も、私が九九を唱え始めるとじっと聞き入っています。お気に入りは「2×9＝18（にくじゅうはち）」と「8×8＝64（はっぱろくじゅうし）」。「〝おニク〟だって！」「〝ハッパ〟だって！」と大興奮しています。

理科ごっこ

モノを湯船に沈めて遊びます。例えば「使用済みペットボトル」が一つあるだけで、多くの「なぜ?」を親子で共有できます。

空のペットボトルは、なぜ浮くのか。水を満タンに詰めたペットボトルは、なぜ沈むのか。空のペットボトルを無理矢理沈めると、なぜ勢いよく浮上するのか。「浮力」などという難しい言葉を使ったり、メカニズムをカンペキに解説する必要はありません。沈めた空のペットボトルが「ビョン!」と湯船から飛び出すのを見て、ママが大笑いするだけでも、子どもは楽しいものですし、かけがえのない体験になるはずです。

社会ごっこ

日本地図の防水ポスターを浴槽近くの壁に貼ります。各都道府県の名物などがイラストで描かれているものがあればベストです。自分の住んでいるところ、祖父母の住んでいるところ。「上に行くほど寒く、下に行くほど寒い」など、話すことは尽きないもの。「最近食べた安納芋は、鹿児島県の種子島から来たんだよ」などと食材の産地の話にも展開できます。

音楽ごっこ

大きな声で童謡などを歌いましょう。「最近、保育園で歌った歌」や手遊び歌が盛り上がります。ママが疲れ切って歌う気力もないときは、子どもに「ワンマンショー」をお願いし、聞き役に徹するという手もあります。

〝詰め込み型〟の早期教育を奨励するわけではないのですが、お風呂ほど楽しい「学び」「気付き」の場はありません。〝カラスの行水〟ではもったいないですよ。

やっぱりママは、「手づくり」すべき？

「母親たるもの、できるだけ〝手づくり〟にいそしむべき」。そんな〝思い込み〟はありませんか。「〝手づくり好きな母親〟はよい母親である」という考え方は、確かに一面の真理ではあるでしょう。しかし、そう思い込んだワーママが頑張りすぎて、ストレスを感じていたとしたら。皮肉な話ですが、それは〝本当に幸せな親子関係〟とはいえないでしょう。特に「激務型ワーママ」の場合、「手づくり至上主義」は一つの「イデオロギー」であると割り切って、とらわれないことが大切であるように思います。

私の場合、次女を妊娠中の「手づくりいっぱいママ」の時期と、「手づくりをする余裕もないワーママ」の時期、二つを経験しています。

最初に通った保育園は、親への手づくりの要請が多くありました。段ボール箱に布を貼って、衣類ボックスをつくったり。夏・冬の掛け布団の準備（サイズ指定）やお手ふき用タオルのループ（紐）付け。「保育園に嫌われないように」という一心で頑張っていましたが、とうとう息切れ。2年目の最後は、行事用の「巾着袋づくり」は業者さんにこっそりお願いしました。

その後、転園した先の認証保育所では、手づくりの要請がまったくなく、変な言い方になりますが「心安らかに」過ごすことができています。毎日、ループ付きのタオルを持参する点は変わりませんが、市販品を利用しています。しかも子どもたちとの関係は、悪化するどころか、より親密になっているような気さえしています。

このように、手づくりは「したほうがよい」けれども「しなくてもよいもの」。激務のかたわら、苦労して手づくりに励み、子どもに恩着せがましく「つくってやった」

と繰り返すくらいなら、市販品でしのぐほうが、よほどマシというものです。

わが子の誕生日やクリスマスなど、行事のときのケーキも、一時は自作していました（働いていない時期は、マクロビオティックに傾倒し、料理教室にも通うほどのハマりぶりでした）。ですが、仕事が忙しくなってからは「しない」ときっぱりと決めたのです。そして信用のおける業者さんからお取り寄せをしています。

台所には、お菓子づくりの道具がたくさん眠っています。しかし、〝職業人〟として「脇目もふらずに仕事に没頭したい」という時期が、ワーママにあってもよいのではないでしょうか。

「手づくりの要請が多く、ついていけない」という保育園の場合は、転園を考えてもよいでしょうし、「手づくりを外注する」という方法もあります。あなたの地域にも、請け負ってくれる業者さんはきっといるはずです。そして「ワーママだからできる子育て」を追求すべく、考え方を前向きにシフトさせませんか？　まずは「手づくり＝善」というイデオロギーや常識を疑ってかかること。親の愛情ということについて突き詰めて考えれば、「手づくり至上主義」はコワくなくなるはずです。

子どもが本当に求めているのは、手づくりのモノや食べ物だけに限りません。**もっともうれしいのは、あなたの心からの笑顔であるはずです。**

「ループ付きのタオルを毎日持参してほしい」という保育園は多いでしょう。とても素敵なタオルのブランドがあるので、ご紹介します。

★「タオル美術館」（通販サイト）　http://www.towel-museum.com/shop.html
通販サイトと運営会社は異なりますが、実店舗も全国的に約60店あり。日本有数のタオル産地・愛媛県今治市から、今治タオルをはじめ、こだわりの商品が入手できる。ループ付きタオルも多い。１枚から名入れ刺繍可能。

第4章

デキるワーママになるカギは、「食」の段取りにあり！

心豊かな食育は、
“段取り”が命！

ワーママ流、「体によい食卓」を目指そう

本章では、子どもの日々の食生活について考えてみたいと思います。

書店に行けば、子どものためのレシピ本は百花繚乱。最近では、栄養面はもとより、かわいらしさまで重視した「キャラクター弁当（キャラ弁）」がすっかり市民権を得た様子。「もしこれを毎日つくれと言われたら……」と頭がクラクラするワーママも多いのではないでしょうか。

「母親たるもの、子どもの食に責任がある」という考え方があります。どんなに忙しいワーママだって、常にそう感じているはずです。しかし、それを母親の「義務」だととらえるから、しんどく感じてしまうのです。「自炊のほうが、野菜をたくさんと

れて、ヘルシーで、肌もツルツルになって、おトク」、そう思うと台所に立つ回数も増えるというものです。

わが家の場合。私が「野菜を食べると、病気にもなりにくいし、肌がツルツルになるんだって」と言いながら、野菜の煮物などを口に運んでみせると、二人の娘は私のマネをしながら、競うように食べています。

もちろん、大前提として「苦行のような、しんどい自炊」は続かないもの。本章では持続可能で、かつ身の丈に合った、ムリしすぎない自然派志向の「子どもごはん」をご紹介していきます。

大事なポイントは「大人ごはん」と「子どもごはん」は別にして考えるということ。そもそも働き盛りでストレスフルな大人が求める食事と、「子どもたちにとってよい食事」とが、同じであるはずがありません。また、大人はある程度、買い食いも、外食も好きなようにコントロールできるものです。まず、子どもたちの朝ごはん、晩ごはんを主軸に考えてみましょう。

そして、ごはんといえばつきまとうのが「買い物」の悩みです。「忙しいのに買い物に行く時間なんて……」という声も聞こえてきそうですが、大丈夫。買い物が楽しくなるワザもご紹介します。

買い物については苦い経験があります。過去に、野菜の定期宅配サービスの会員になったことがあるのですが、週に1度の注文票を出すことが「苦痛」となり、やめてしまいました。「注文票を出せないほど仕事が忙しくなった」のです。そのときは自分自身のことが「注文票を出せないほど、事務処理能力の低い人間」と思えて、とてもストレスを感じました。今ではさまざまな農家さんの通販を、ネットなどから注文しています。仕事の合間に、ゲーム感覚で「マイ農家さん」を探すことが楽しくなったのです。

このように、食にまつわることは、本来「手間」ではなく、「人生の喜びの一つ」

であるはずです。そして、食べることの大切さ、楽しさを子どもに伝えられるのは、あなたなのです。一緒にネットショッピングをしてみるのはどうでしょう。

一方で、自炊がムリな日は外食に頼ることも必要かもしれません。外食は、ワーママにとって、いわば「セーフティーネット」です。知人の「激務系ワーママ」さんは「忙しいときの晩ごはんは、外食」と決めていました。外食の効用は、ママがゆっくりできること。注文さえしてしまえば、子どもたちの顔を見ながら、ニコニコと、一緒に食事を楽しむことができます。家で、疲れた顔で子どもたちを怒鳴り散らしながら用意する晩ごはんより、もしかするとハッピーかもしれません。店を選べば、産地が明記されていたり、添加物の使用が抑えられているようなメニューもあります。

とはいえ、外食の回数は抑えるに越したことはありません。この章が「外食を減らすヒント」としてお役に立てれば幸いです。

「行き当たりばったりの食生活」が、あなたを疲れさせる！

「うちは共働きだから、冷凍食品や加工品が多くなってしまって……」

こう嘆くワーママは多いもの。その現状は痛いほどよくわかります。しかし、せっかく自炊をしようとしているのなら、ワーママであることを「免罪符」にする前に、できることから改善してみましょう。もしかしたら、食材の選び方がズレていたり、要領がほんの少し〝よくない〟だけかもしれません。

加工品を使うときだって、一度は「店で買う」という手間が派生しているもの。どうせ「買う」のであれば、体によいものを買っておきませんか。確かに入手にひと手間かかるかもしれませんが、余裕のあるときにまとめ買いしておけば、ラクな日が増えます。「買い物に行けない」日があっても、あわてずにすむからです。

出歩く機会が多いのであれば、自然食品店や〝デパ地下〟に寄り道したり。情報網を駆使して、ネット上の通販でお取り寄せを楽しんだり。「ワーママだからこそ食卓によいものを提供できる」と考えるほうが自然です。例えば、冷凍食品や加工品の比率が多いのであれば、乾物を取り入れてみてはどうでしょう。戻す時間がいらない商品もあります。

ストック用食材については一気に「大人買い」するのがコツです。「体によい食材」のストックがないから、行き当たりばったり、「その日暮らし」の食生活になり、「意に添わない加工品」に頼るハメになるのです。

以下に、「ストックすると便利な食材」を挙げておきます。常温で保存できるため、冷蔵庫を圧迫する心配がないものばかりです。三つのジャンルに分けて整理し、あなた独自のリストをつくってみてください。なお、日持ちのしない生鮮食品は、これとは別に「日々の買い物で補う」という考え方です。

【ストックすると便利な食材】

① 調理の手間が不要なもの(1)

めざし、コーン缶詰、豆類缶詰(ドライパック)など。子どもがこれを食べる間に、ママは1～2品つくれます。

② 調理の手間が不要なもの(2)

たくあん、梅干し、さけそぼろ、ふりかけ、のりなど。お米さえあれば、これらと先に食べ始めてもらっても。

③ 調理が必要なもの

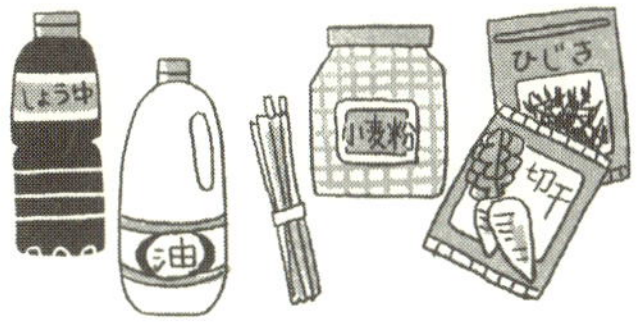

調味料全般、油、米、雑穀類、麺類、粉類、乾物類。こだわりの食材は切らさぬようにゆとりをもって購入を。

④ 大人の嗜好品

スイーツ類、レトルト食品、飲料など。イライラ防止に子どもと接する前に少しでもとっておくとよいでしょう。

「お取り寄せ」はストレスフリーへの近道

食生活は、ともすればさまざまな健康被害の遠因になり得るものです。環境ホルモンと発達障害の関係が指摘されていたり。食器やベーキングパウダーなどに微量に含まれる鉛と、アルツハイマー型認知症発症の関連が取沙汰されていたり。食品添加物や、福島第一原発事故由来の放射能汚染など、心配し始めるときりがありません。しかし前向きに、できる範囲で有害なものを減らし、体によいものを取り入れませんか。日頃から関心を持っているだけでも違うもの。また信頼できる情報ルート（サイト）などをチェックしておくとよいですね。

【通販で買いたいもの①】調味料

私は長女の産後、マクロビオティックの教室に通ったことがきっかけで、「しょう油風調味料」から昔ながらの本醸造の「丸大豆しょう油」（大豆、小麦、塩、麹でつくられたもの）に切り替えました。また、ママ友に教えられて「ゲランドの塩」を取り入れたことがあります。化学調味料とはまた違う、まろやかな味でした。調味料はそうそう減るものではありません。よいものを求めてみませんか。

「こうのとり醤油」（大徳醤油㈱）
兵庫県産の大豆・小麦を100％使用）

「セルマランドゲランド ゲランドの塩」（㈱アクアメール）
顆粒状で使いやすい。

「味の母（みりん）」（ムソー㈱）
黄色いラベルの製品は、原材料が「米・米麹・食塩」のみ。

【通販で買いたいもの②】米

重たい米は、農家からのお取り寄せをおすすめしたい筆頭の食材。中でも、無（低）農薬のものなど、こだわって探してみてもよいかもしれませんね。

★「自然派きくち村」㈲渡辺商店）http://www.kikuchimura.jp/
熊本県菊池産を中心とした無農薬・無肥料栽培・自然栽培の健康志向の農産物を扱う。

【通販で買いたいもの③】野菜・果物

ごひいきの「マイ農家」から取り寄せる習慣はいかがでしょう。働くあなたなら、「お金をどこに落とすか」というソーシャルな視点を持つ大切さがわかるはずです。「こだわり」や「物語」がある農作物を食べることは、最高の食育。栄養の話にとどまらず「3・11」「TPP」「遺伝子組み換え作物」。子どもに話すことは限りなくあります。

★「オーガニックマミーズストア」（TEN NANA㈱）http://www.mammys-store.com/
宮崎県産オーガニック野菜、自然食品の店。魚の干物、宮崎牛まで扱う。

★「NPO法人農音」http://www.noon-nakajima.com/
首都圏のバンドマンらが、瀬戸内海の中島に移住し、柑橘類を栽培、加工している。

寄り道ショッピングで、脱・仕事モード

仕事帰りの買い物ほど、心躍るものはありません。しかし、ラッシュ時の電車で重い手荷物は避けたいところです。そこで心に留めておきたいのが、お買い上げ品の宅配サービス。店内に告知がされていなくても、宅配を請け負ってくれる場合も多いので、まずはサービスカウンターや店員さんに聞いてみましょう。

ただし店ごとに異なるのが送料。「○○円以上の買い物で送料無料」というところから、実費が必要なところまでさまざまなので、覚えておくと便利です。また、目標となる金額がある場合、かさ上げしてくれる高額商品も頭に入れておきましょう（米、調味料など、重たくて必須のもの）。

次に「紙袋1袋以下の軽い買い物」もおすすめしたいと思います。保育園のお迎えに支障がない程度のお買いものです。お目当ての店があれば、遠回りをすることもあるほど。**買い物を楽しむうちに、仕事モードからママモードへと、うまく切り替わる気がします。**あなたの通勤圏内で、ぜひ「寄り道マップ」をつくってみてください。

最後に、大事なことですが、自宅の近くのスーパーも買い支えたいものです。私は保育園帰りに寄ることが多いのですが、子どもに荷物を持つのを手伝ってもらっています。大人にも子どもにも、買い物は楽しい体験であるはずです。

朝の自炊は、仕事の効率までアップさせる

気持ちよく起きた朝は、夜に比べて、断然パワーがあるもの。また、少し早起きをすれば、食事に手間をかけることもできます。そして「なるべくならば早く家を出て、一刻も早く仕事モードに切り替えたい」というのがワーママの正直なところ。これらをまとめると、朝は「多少の手間がかかってもよいので、子どもがスムーズに食べてくれる献立」が求められます。ママが食事をとる間、鍋に火をかければ「野菜に火を通す」などの下ごしらえも一丁上がり。夜の手抜きのためにも、朝は頑張ってみませんか。次の主食、主菜、副菜、汁ものをバランスよく組み合わせてみてください。

【主食（炭水化物）お米が炊けている場合】

・ピラフ（タコ、エビ、イカなどのどれか1品と、葉物野菜を炒め、しょう油で味を付けるだけでもおいしい。ピラフをお椀に入れ、ドーム型に固める演出も忘れずに）

・手巻き寿司大会（大きめののりにごはんと具を載せ「セルフ」で巻いて食べる。最初はママがラップを使って巻いて、お手本を。具は、ツナやスモークサーモンなど）

・おかゆ（体調が悪いときに。具は火が通りやすいサツマイモや卵など。のり、ごま、梅干しなどをトッピングしてもおいしい）

【主食（炭水化物）お米を切らしていたり、炊けていない場合】

・うどん（青菜、肉、卵などなるべく具だくさんに）

・パスタ（乾麺は7〜9分かかるが、生麺なら2〜3分でゆで上がる。栄養を考えて全粒粉小麦がおすすめ。レトルトの野菜のポタージュスープをパスタソースに）

【主菜（たんぱく質など）】

・魚（タラ・ブリなど）や肉を焼く、煮る（魚を買うときは、生より干物のほうが消

費期限が長く、腐らせるリスクは低くなる。子どもが小さい場合、調理済みの魚の小骨を取る時間も多めに見込んでおく）

・野菜いっぱいオムレツ（具は、トマト、ホウレンソウ、豆など下準備不要のもの。例えば、ニラを刻んで卵と混ぜて焼くだけでも、栄養アップでおいしくなる）

・野菜&肉炒め（キャベツや小松菜など、火を通すとかさが減り、多く食べられる）

【副菜（食物繊維・ビタミン・ミネラル・たんぱく質）】

・もずくやめかぶなどの海藻類（パックの市販のものを、お皿に入れ替えるだけ！）

・豆腐、納豆、湯葉などの大豆加工品（しょう油をかけるだけで立派な1品に）

【汁もの（食物繊維・ビタミン・ミネラル・水分）】

・具だくさん味噌汁（だしは入れなくてもよし。根菜、葉物野菜、海藻などを時間差で入れて。3種類ほど入れられればベスト。夜に温めて食べることもできる）

【デザート】

・季節の果物、レーズンやクルミなどのナッツ類朝からカレーや肉じゃがなどを張り切ってつくることはありません。「冷蔵庫に入れてから外出するため、鍋が冷めるのを待たなければいけなくなるから」です。それよりも使えるのは「煮た（蒸した）根菜」（ジャガイモ、ニンジン、カボチャ、大根、ゴボウなど）。夜に少し手を加えれば、味噌汁、カレー、シチュー、肉じゃがなどに短時間で変身させられます。子どもたちに人気のカボチャですが、切るのは「力仕事だから、お願い」と上手にパパに任せてしまいましょう。また根菜をむいて火にかけるのは、確かにちょっとした手間ですが、パパに「子どもと向き合って食べること」を10分間お願いするだけで、可能になります。

夜の「本気自炊」を諦めると、ラクになる

「激務型ワーママ」の最大のお悩みといえば、「夜ごはんの自炊」でしょう。最悪の場合は「外食」という選択肢があるので、飢え死にこそしないとはいえ、外食続きではママのお肌の調子も気になるというものです。朝ごはんとは異なり、すぐに食卓に出さなければいけないのが、夜ごはんの泣きどころ。そこで飲み屋さんの「お通し」にならい、家庭でもすぐに出せる「お通し食材」の購入をおすすめします。

最初に「お通し食材」を出し、空きっ腹の子どもたちをなだめる。そして2番目に、朝に準備しておいた根菜（火を通したもの）を少しアレンジして出す。3番目に、「火を使わないメインディッシュ」を出すのです。ここでは応用しやすい「丼もの」と「サ

ンドイッチ」の2パターンを挙げました。あえて「火を使わない」点にこだわったのは、バタバタせわしない中で、火（包丁も同様）を使うのは、焦がしてしまうなど「あらゆる事故」のもとだから。私自身が、何度もヒヤリとしたことがあるからです。

【お通しメニュー】

・「お皿に出すだけ」系（前出の朝ごはんの項と同じく、もずくやめかぶなどの海藻類。豆腐、納豆、湯葉などの大豆加工品。また、煮干しや干し豆など）
・包丁を使わないサラダ（缶詰めのコーン、豆類、ツナ。洗うだけの非加熱野菜（プチトマト、スプラウトなど）。これらの食材を、1皿に盛る）

【朝に煮た根菜をアレンジ】

・サラダ（味付けなしでも美味。もしくは少量の岩塩や、ヘルシーなドレッシングを）
・味噌汁（鍋を沸騰させ、根菜を加え、最後に味噌を加える。3分で完成）
・カレー・シチュー（鍋を沸騰させ、ルーを溶かし、根菜を加えて加熱。5分で完成）

・肉じゃが（肉に火を通し、根菜を加え、加熱して味付けする。5分で完成）

【火を使わないメインディッシュ①丼】

・海鮮丼（エビ、タコ、スモークサーモン、そのほかお刺身などを、食べやすい大きさに切る。しょう油を少しかけて、ごはんに載せる（もしくは混ぜる））

・しらす丼（しらすにしょう油をかけて、ごはんに載せる）

・納豆丼（納豆にしょう油をかけて、ごはんに載せる。ねぎやきゅうりでかさを増すのもよい）

【火を使わないメインディッシュ②サンドイッチ】

・生のまま食べられる食材を、野菜と一緒にパンにはさむ。スモークサーモンや、チーズ、ベーコン、ハムなど。健康を気遣う方は、添加物の少ない食肉加工品、パンは全粒粉小麦やライ麦使用のものなど、素材にこだわってみてください。

外食が続くと心配なのは「子どもが濃い味付けに慣れてしまうこと」です。薄味の食生活から濃い味の食生活への移行はたやすいことですが、一度濃い味付けに慣れてしまうと、薄い味付けに戻りにくくなります。

今、子どもの塩分摂取過多が一部で問題となっています。食塩の1日の摂取基準は1~2歳児で4g未満、3~5歳児で5g未満、6~7歳児で6g未満（「日本人の食事摂取基準2010年版」厚生労働省）。ところが、これらの基準をはるかに上回る子どもたちの増加が懸念されています。そのような状態が続くと、高血圧や生活習慣病を引き起こすもとになってしまいます。

時間に余裕のあるときだけでも、できるだけ自炊をしたいもの。**ムリのない範囲で「理想」だけは失わずにいきませんか。**例えば「お鍋」は多くの野菜をとれる上に、洗い物も少なくてすみます。食卓に鍋を置くと、子どもがひっくり返す恐れがあるので、「ガスコンロで調理をすませ、ママが子どもに取り分けるスタイル」が安全です。

ぶきっちょパパにこそ試してほしい、簡単自炊メシ

本章の最後に、パパがつくれる「超簡単」な夜ごはんをご提案します。世の多くのパパの不満は「〝子どもファースト〟の食事と、自分の味の好みが一致しないこと」ではないでしょうか。そこで「大人の男性向けの味」であることを第一に、文字通り「ひと手間」で完成するレシピを集めました。

一つ目はさまざまな「網焼き」です。おすすめは100円均一などで求めた安めの網を使うこと。徹底して手間を省くため「調理後の網は洗わず、10回使ったら捨てる」のがポイントです。

二つ目はカレーです。市販のものをフル活用するコツを考えました。

【網焼きメニュー①】厚揚げ

網で焼くことによって、外側はカリカリ、中はフワフワに。チューブ入りの「おろし生姜」をたっぷりかけて。居酒屋の味に変身します。

【網焼きメニュー②】干物

アジ、イワシなどの干物を、網に載せて焼くだけ。味付けいらずです。

【網焼きメニュー③】焼き鳥（手羽先）

油が網の下に落ちるのでヘルシーな1品。あまりにズボラなパパの場合は、ママが先に塩をひとつまみ、振っておきましょう。

【網焼きメニュー④】ししとう

網に載せて焼くだけでＯＫ。

【網焼きメニュー⑤】にんにく

洗わず皮付きのまま、網に載せ焼く。約10分で皮がひとりでに開き、箸でめくれる。

【網焼きメニュー⑥】ソーセージ

大人向けの「激辛タイプ」など、お好みの商品を。

【おすすめカレー①】缶詰タイプ

最近は「手軽で、しかもおいしい」と評判の缶詰タイプのカレーも。特に人気のタイカレーの缶詰は、コンビニなどで1缶100円前後で入手することができます。これは常温のままでも、アツアツごはんにかけるだけで、すぐ食べられます。化学調味料不使用のものものもあります。

【おすすめカレー②】トッピングにひと工夫

レトルトカレーを、よりおいしく感じるための助っ人が、「トッピング」。市販のフライドガーリック、フライドオニオンをかけるだけで、「お店の味」に。もしくは、ポテトチップス数枚を添えるとカツカレーの味が！　ママの食べ残しでもよいのです。

そのほか、わが家では豆腐、納豆、キムチ、豚肉、チーズなどを常備しています。これらは糖質を制限する「炭水化物ダイエット」向きの食材でもあります。夫は朝と夜の自炊のおかげで、半年間で98kgから83kgに体重を落としました。

お料理がさほど苦でないパパへのおすすめは、材料を加えて炒めるだけで一品がつくれる、CMなどでもおなじみの「料理の素」。特に「麻婆豆腐」などは、豆腐を切り、フライパンで炒めるだけという手軽さです。余力があれば「豚肉&キムチ」「肉&野菜」の炒めものや、「お鍋」もよいでしょう。煮込む時間はかかりますが、大根やゆで卵などの具がいっぱいのおでんもおいしいものです。

パパの自炊の習慣ほど、ワーママをラクにしてくれるものはありません。

あなたのご主人は、お料理好きですか?

第5章

家庭にひそむ
“ムダ家事”を
撃退する方法

家事はもっと、スリム化できる！

デキるワーママほど、モノが少ないという常識

子どもが小さいうちは、床に散乱したモノたちに妨害されて、時短の代名詞、ルンバでさえ回せないもの。そこでご提案したいのが、根本的な解決法「モノ減らし」です。わが家では「〝非所有〟三原則」として「買わず、ためず、捨てる」というシンプルなルールを実践しています。

原則①　「買わない」

●地域の図書館を最大限に利用する

よい絵本を選んで買うのは楽しいものですが、図書館に親子で出かけて一緒に借り

るのもよいコミュニケーションになります。図書館の場合、貸し出し冊数が多いのが魅力です（※著者が在住の地域では1人12冊まで2週間、貸し出し可能）。

●レンタル業者のサービスを活用する

「一時期しか使わない、子どもにまつわる大型のもの」はレンタルするという考え方があります。例えば、チャイルドシート、大型玩具、椅子などの家具、七五三の衣装、ママ用コートまで。扱う品物は多岐にわたります。

私が借りてよかったのは、ベビーベッド、ベビーバス、ベビーサークル（マット付き）、ブランコやすべり台といった遊具類です。「合わないものは返品できる」という気安さがありがたく、家中のモノと同時にストレスも減らしてくれました。

★㈱愛育ベビー　http://www.ibaby.co.jp/
全国どこでも利用可能（集配手数料別途）。首都圏はレンタル料もしくは商品金額5千円以上で無料集配。

原則②「ためない」

●買い物時の紙袋

エコバッグを持参し、極力もらわないにしたいものです。もらった場合は子どものお絵描き・工作用の紙に活用して処分を。かぶとや封筒などをつくるのに最適です。

●着られない洋服は、バザー、乳児院へ寄付

次シーズンに着られそうにない服は、ぜひ、誰かのお役に立てたいもの。ネット上で国内外の寄付先を探してみるのはどうでしょうか。近くの乳児院などを検索、送料自己負担で寄付をするという手もあります（※必ず事前に連絡して確認を）。

原則③「捨てる」

●2週間、遊んでいないおもちゃは捨てる

このルールを実施して、あとから「アレを捨てたでしょ」と子どもに責められたことはありません。年代により「モノの存在を忘れるスパン」というのは異なります。

●週に一度は捨てる

大きなゴミ袋をかつぎ、子どものいないスキにゴミ捨てを。仕事関係のものも不要なものは処分するとよい気分転換に。化粧品や洋服は「2年間不使用」で処分検討を。

思い出のあるモノを減らせないときは、別の目標を掲げ、物質的なこだわりを減らしてみませんか。例えば子どもの将来のために「貯金残高を増やす」。「仕事において、キャリアや成績がアップすることを目指す」。思い出を糧に、未来を向きましょう。

掃除が断然ラクになる収納術

親にとって、最初に「収納」について考えるきっかけは、幼い子どもの「誤飲防止」、0～1歳のころではないでしょうか。この時期の収納とは、インテリアどころか、命にすらかかわってくる問題です。もちろん、そのあとの時期も、いたずら防止の観点や、掃除のしやすさといった面で大きな課題であることは間違いありません。

ただでさえバタバタのワーママが、スッキリ暮らして、かつ仕事のパフォーマンスも上げるために。前項のように〝対処療法的〟にモノを減らしつつ、〝根本治療〟として収納についての問題にも取り組みましょう。これは〝家庭内構造改革〟です。

ここでは、おすすめのグッズをご紹介します。ウォールポケット、ポール型ハンガー、

S字フックの三つです。いずれも、空間の上部を手軽に有効利用できます。

【収納のコツ①】ウォールポケット

壁に吊した大きなウォールポケットは、細々としたものの置き場所として最適です。ポイントは、布製などではなく、透明で中身が見える素材のものにすること、そしてポケットの数が多いことです。

通勤時の必需品などを収納しておくと、忙しい朝も慌てずにすみます。帰宅後も、ウォールポケットの前に直行して、所定の位置に戻すという合理的なスタイルです。

例えば、定期、鍵、スマートフォン、ポケットティッシュ、名刺入れ、チューインガムなど。細かいものでも安心して放り込めます。

【収納のコツ②】ポール型ハンガー

いわゆる「つっぱり棒」。「つっぱり　ポール型ハンガー」などというワードで検索するとたくさん出てきます。わが家では3年間設置したままの状態ですが、地震などの際でも、倒れたり、ゆるんだりといったことはありません。

ほぼ使わないモノ（大人のモノ）、よく使うモノ（子どものモノ）という順で上から場所を決めると、子どもも自分で洋服を掛ける習慣が身に付きます。

【収納のコツ③】S字フック

あらゆる局面で、S字フックを活用されている方は多いでしょう。わが家では主に夫の冬場のジャンパーなどをかけています。それも通路や廊下の桟にS字フックを引っかけ、そこに衣類を直接かけるというズボラぶりです。要はハンガーを使わない（笑）。これは、型崩れの心配のないジャンパーなどにのみ有効なワザでしょう。

また、夫は夜遅くしか帰宅せず、昼間は在宅しないので、上着が掛かっているのは家族が寝ている時間帯。暮らしのジャマにはならないのです。

最後に〝飛び道具〟的ではありますが、貸倉庫の利用についてお話ししておきましょう。以前利用していたのですが、下記サービスでは1箱1日10円から預かってもらうことができます。ただし倉庫への送り代と返送代は自己負担。何カ月間預けるのかを検討するとよいでしょう。それぞれの「損益分岐点」は異なるはずです。

★月島倉庫㈱のサービス「Day-SOKO（デイ倉庫）」http://www.day-soko.gr.jp/ 三辺計120cm以内、重量20kgまで1日10円から（預け入れの際の作業料など別）。

これは「お金を払って、モノをよそに預ける」という〝荒療治〟です。コスト意識がムクムクと働いて「お金がかかるくらいなら、家にある不要なものを処分しよう！」となれば素晴らしいですね。ほかにも、衣類はクリーニング業者の「預かり保管」のサービス（有料）を利用するのも手でしょう。スッキリして掃除しやすくなると、アレルギーの原因となるホコリなども減ることになります。「モノ減らし」と「収納」は両輪の輪。同時進行で実践してみませんか。

「食器の手洗い」は、子どもの敵!?

「生活？　そんなものは召使に任せておけばいい」

こんな言葉をご存じでしょうか。19世紀フランスの作家、オーギュスト・ド・ヴィリエ・ド・リラダン伯爵の作品にある言葉で、作家・故澁澤龍彦《しぶさわたつひこ》さんが、座右の銘にしたと言われています。面白いのは、リラダン伯爵が貧しい中にあっても、高貴な精神を貫き通したという点です。彼の言葉を借りて「食器？　そんなものは食器洗い乾燥機（以下食洗機とします）に任せておけばいい」と考えてみませんか。なぜなら食洗機は、次にお話しする「全自動洗濯乾燥機」と並んで、「時間をつくること」ができる数少ない家電であるからです。その時間を親子でゆったり過ごしませんか。すでに食洗機を活用されている方にも役立つよう、「汚れが落ちやすくなるコツ」などをご紹介します。

食洗機には2種類あります。つくり付けのビルトインタイプと、単独で購入して設置するタイプです。わが家では前者を、実家では後者を使用しています。どちらにも共通する使い方のコツを挙げてみましょう。

【食洗機活用のコツ①】食べ残しは捨ててから

汚れた食器を庫内に入れる際、子どもの食べ残しは、流しの三角コーナーなどに捨ててから入れたいものです。

【食洗機活用のコツ②】乾燥機能は使わない

わが家では、節電・節約の意味で、庫内の乾燥はさせません。それで、支障があったことは一度もありません。「乾燥不要」を選ぶことができるタイプの場合、ぜひ試してみてください。また在宅時に食洗機が終了した場合は、すぐにフタを開けて、自然に乾燥させています。

【食洗機活用のコツ③】洗剤は無香料のものを

洗剤を選ぶときは、例え合成洗剤でも無香料だったり、なるべく「プレーンなもの」を選ぶようにしましょう。「特別な新成分配合」という新製品を試したところ、「なんだかヌルヌルした洗い上がり……」と夫婦間で意見が一致したことがあります。

【食洗機活用のコツ④】食器類は、庫内に入るサイズしか買わない

鍋類も含め、食器は庫内に入るサイズのものを買いましょう。わが家は庫内に入らない大きなプレート類は実家に譲ったり、新品はバザーに出しました。

【食洗機活用のコツ⑤】「家庭内騒音」に配慮する

一度食洗機を回すと、30分から小1時間ものあいだ、大きな音が出続けることになります。家族がテレビを見たいときは、あとで回すという気配りも忘れずに。

食洗機のおかげで、ハンドクリームを塗る回数が減ったり、疲れが軽減されたり、子どもと笑顔で向き合う時間が増えたら……。それは素敵なことではないでしょうか。

食洗機を使うことで、1日30分の節約に。

あなたの時給が1000円として、

1カ月1万5千円分のトク！

洗濯ものの「外干し」は非効率的⁉

日々の洗濯について考えてみましょう。特に「全自動洗濯乾燥機」（単独型の乾燥機も含む）を使うかどうかについて見ていきます。

わが家では長女の出産直前に、実母のすすめで全自動洗濯乾燥機を買いました。「子どもがいたら、洗濯ものを干すのもしんどいよ」という〝脅し文句〟に負けたのです。しかし実際のところ、購入してよかったと感じています。

ここではメリットとデメリットを挙げてみます。「まだ利用していない」という方のヒントになれば幸いです。すでに利用されている方には、「乾燥機能と、かしこく付き合う方法」など、他山の石としていただければと思います。

全自動洗濯乾燥機を買うかどうか迷う際に、誰もがひっかかるのは「洗濯ものを、電力を使って乾燥させるなんてもったいない」という点でしょう。「電力の問題を考えれば、外に干す」ことは、確かに一面の「正義」であるかもしれません。しかし、せっかく外に干したのに、急な雨に降られたとき。帰宅後、もう一度洗濯からし直すとなると、時間も電力もムダになります。何より「今日はたくさん干してきたのに、雨が降りそうだから早く帰らなきゃ！」などと気にしながら、仕事に集中できるわけがありません。

もっとも大変なのは梅雨の季節です。部屋干しのために、除湿機をずっとかけっぱなしにしていては、結局「乾燥機のほうが効率がよい」ということになります。「生乾きの臭い」を嫌うあまり、殺菌効果の高い洗剤などを多く使うようになれば、体にとってあまりよいことではないでしょう。このように、**あなたの家庭にとってのメリットとデメリットを、天秤にかけて考えていきませんか。**

【乾燥機能を使うメリット】

・一度、操作をスタートすれば、天候の急変などを気にせず夜遅くまで外出できる
・ベランダなどに洗濯ものを干さなくてよいので、子どもから目を離さずにすむ
・洗濯バサミやハンガーなどの備品が不要になる

【乾燥機能を使うデメリット】

・日光に当てないため、紫外線による殺菌・消毒ができない
・タオルなどが、外に干すよりも早いスパンで「臭う」ようになる（こまめに取り換えればよい）
・オーガニックコットンの製品はクシャクシャに縮れてしまう
・子どもが開閉したり、機内に入って遊んだりしないように注意が必要

【乾燥機能と、かしこく付き合う方法】

・忙しくない日は、乾燥機を使わず、外に干して自然乾燥させる

・シーツや毛布などの大物は、乾燥機を使わず、紫外線に当てる意味でも外に干す
・夜に使用する際は騒音に配慮し、静かなモードを選択する

在宅で働いていたり、ハードなワークスタイルでない場合、乾燥機の使用に魅力は感じないかもしれません。反対に激務型ワーママにとっては手離せない家電でしょう。

このように、洗濯の方法にはママの仕事観が直接反映されます。本書としては「もっと家事をラクにして、仕事と育児にエネルギーを注ぎたい」という方に、乾燥機を使うメリットをお伝えできればと思います。

✦全自動洗濯乾燥機を使い、「干さない」ことで、1日20分の節約に。

あなたの時給が1000円として、**1カ月9990円分のトク！**

洗濯ものは「たたまない」でいい

ここでは「洗濯ものはたたまなくてよい」という提案をしたいと思います。もちろん、「たたむ」という行為はすぐれた日本文化の一つであるでしょう。しかし、今のあなたは人生において「もっとも忙しい時期」にいるのではありませんか？　例えば、仕事と育児に振り回されて、ごはんも思うように食べられないような状況ではないでしょうか。

私は保育園のお迎え時に、早足で歩きながら菓子パンをほおばって食べているママ友を、タクシーの車窓から目撃したことがあります。〝美人で知的なキャラ〟のママだったのでショックでしたが、心の中でエールを送らずにはおれませんでした。

このような「限界状況」に生きる私たちワーママにとって、やるべき家事の優先順位を格付けし直すことが大事であるはずです。つまり、「不要なことは、徹底して〝やらない〟」。そう突き詰めて考えた場合、洗濯ものをたたむということは、「安全面」「衛生面」でもっとも差し障りがなく、重要度では最下位にくるはずです。

わが家の場合、全自動洗濯乾燥機から取り出した洗濯ものは、いったん大きなバケツ（ゴム製）にまとめてドサっと入れます。そして、気が向いたときに、各自のタンスに「たたまずに」入れていきます。このやり方がすぐれている点は二つあります。

一つ目は「座ってたたむ」という工程が一段階省かれるため、時間が劇的に節約できるという点。二つ目は「子どもたちが自主的にたたむようになる」という点です。

保育園によっては「お洋服をたたむ」ということに意識的である園もあり、うちの長女はとてもうれしそうに、ゆっくりとではありますが、丁寧に自分のものや妹のものをたたんでくれます。

この「ママがたたまない」というスタイルで困ったことはありません。

忙しいときは2回分の洗濯ものを収めたバケツが山盛りになっていることがありますが、見かねた夫が夜中に各自のタンスに「分配」してくれることもあります。いわば、バケツの中の洗濯ものの量が「ママの忙しさ」「心の余裕」のバロメーターともなっており、SOSを口に出さずとも、夫の助けが得られるシステムでもあるのです。

「困る点」を強いて挙げれば、バケツの中が「カオス」であるため、急いでいるときに目的のものをサッと取り出せないことがあるくらいでしょうか。ときには「バケツの中はブラックホールではないか」と思えるほど、奥底のほうにお目当てのものが沈んでいることがあります。そこで、少しでも早く目的のものを見付けるために、衣類の色を購入の段階から選ぶことが大切になってきます（前に紹介した「食洗機をうまく使うコツ⑤食器類は、庫内に入るサイズしか買わない」と似ています）。

例えば、靴下などのインナーは、男女共に黒やグレーのものが多くなりがちです。そうなると、私のものと夫のものとが互いに保護色となって、見分けがつかなくなってしまうのです。そこで私は、自分の衣類はできる限り黒系のものを避け、パステルカラーや目立つ色を選ぶようにしています。まるでキャンディーのようなポップな色の靴下などを見ていると、気分も明るくなるものです。子どもたちが手伝いをしてくれる際にも「ママのピンクの靴下はかわいいね」などと会話も弾みます。

「たたまない」ということに拒否反応がある方もいるかもしれません。そういう方は、「子どもとたたむこと」を習慣にしてはどうでしょうか。あなたがタオルを10本たたむ間に、子どもは自分のお気に入りのTシャツ1枚をじっくりたたんでいるかもしれません。しかし、それは素敵なコミュニケーションの時間になるはずです。できればニコニコと、他愛ない話でもしながら手を動かせれば、最高ですね。

洗濯ものをたたまないことで、1日20分の節約に。

あなたの時給が1000円として、1カ月9990円分のトク！

消耗品の豊富なストックが効率化のカギ！

最初に、買い物にまつわる私の苦い思い出をお話ししておきましょう。

長女が生後2カ月のころ、抱っこして毎日近所へ買い物に行っていました。しかし両手にいっぱいの荷物を持って歩いていたせいか、あっという間に腱鞘炎《けんしょうえん》になってしまったのです。激痛で家事もできないほどでしたが、母乳育児中であったため、積極的な治療にも踏み切れず、気功や針灸《しんきゅう》などを試しましたが治らずで、数カ月間大変でした。

またさらに数ヶ月後、ちょうど腱鞘炎がおさまったころ。長女をベビーカーに乗せて、近所へ買い物に行った帰り道のことです。お酒の瓶や、大根、キャベツなど大型の野菜、そして紙オムツなどを、ベビーカーのハンドルのプラスチック製のフックにかけて歩いていたときのことです。あまりに荷物が重たかったのか、走行中のベビーカーの座席部分の前輪が空中に浮き上がり、まるで「ウイリー」のような状態になり、バランスを失い転倒をしそうになったのです。その後はいつもより慎重にベビーカーを押していきましたが、歩道の段差を上がる際の振動で、荷物をかけていたフックが「バリッ」と破損してしまいました。

それから私は、ネットによる通信販売（以下、買い物後の「宅配サービス」なども含む）を少しずつ利用するようになったのです。「自分で運ばなくてよい」というのが通販の最大のメリットだとすれば、「配送料がかかる」というのが最大のデメリットでしょう。ですが、子どもの安全や、腱鞘炎で得る痛みなどと、数百円の配送料を天秤にかけたら、いったいどちらが大きい「損失」かと考えました。

通販での購入をおすすめしたいモノは4種類に分類されます。

①「飲食系のボトル類」（調味料、お酒、水など）
②「重い食べ物」（米など）（※食品の「お取り寄せ」については4章を参照ください）
③「洗剤類」（ボディソープ、ハンドソープ、シャンプー・リンス、洗濯洗剤など）
④「紙類」（トイレットペーパー、ティッシュ、紙オムツなど）

可能であれば、配送日を各業者さんで「固める」ことができれば受け取りの手間がラクになります。また、ノーブラなどラフな格好をしていることの多い家で、配送業者さんとの応対が面倒だと思うときもあるかもしれません。そんなときは、ストラップレスのブラジャーを一つ用意しておくと非常に気楽になります。通常のストラップが付いているブラジャーの場合、「腕を通す」という体の動きが「おっくうさ」のモトになります。しかしストラップレスの場合は、後ろのホックを止めるという「1回の動き」だけでよいのです。また、玄関にペンを1本置いておくと、受取印を求められた際にも、サインでスマートに対応できます。

そして、あらゆる商品の「業界最安値」に精通していることは、ビジネスの現場においても大変重宝されることです。「底値」をどんどんネットで調べましょう（送料などの価格体系に注意）。いつのまにか、あなただけのごひいき業者リストができるはずです。気を付けたいのは、利用者登録をした場合の会員ＩＤとパスワードの管理です。私は毎年、スケジュール帳の後ろに控えるようにしています。

このように、あなたが育児を通して得た情報や経験は、臆せずどんどんお仕事の局面でも利用していきましょう。それこそ、私たちワーママの強みなのですから。

第６章

“疲れた子持ち”に
見られない！
忙しママのキレイ術

"キレイ"の自信が、
心の余裕を生む！

ワーママ流「おしゃれ道」を楽しもう

働いていても、いなくても。子育て期は、自分の「美の常識」を整理する時期です。洋服にしても、メークにしても「子どもと一緒に過ごせる安全なもの」かどうかが最優先になってきます。もちろん「時間がかからないもの」という条件も加わります。この大きな二つの課題を受け入れて、「ママ自身が今までより健やかになれる！」「上手な〝時間の使い手〟になれる」とプラス思考に考えてみましょう。

また「子どもを産んだから」「仕事が激務だから」といって、「キレイ」をあきらめることはありません。むしろ、子どもがいるからこそ、体のメカニズムや製品の成分などにまで敏感になり、キレイになれるはずなのです。「手抜き」ではなく「合理的」、

「安全第一」だけどおしゃれに見えるという装いこそ、あなたが追求すべきスタイルです。製品選びの「ものさし」から、見直していきましょう。

まず、服装に関しては購入の段階から、仕事場に通うための「仕事服」と、汚れてもいい「育児服」に分けて考えたほうがよいでしょう。しかし、「仕事服」で、保育園に送迎しなければいけない局面も多いはずです。そうなると、極端な例えですが真っ白なスーツに、高いピンヒールの靴、ファッション性重視の小さなバッグ、などというわけにはいきません。真っ白なスーツがドロドロになったり、最悪の場合はピンヒールでつまずいて転倒、親子揃って交通事故に巻き込まれ……などという展開にもなりかねないからです。**「子どもの命を守れるか」という観点で、洋服を選ぶ。大げさなようですが、それがワーママの責任です。**

しかし、そんな「制約」こそ、あなたのワードローブの幅を広げてくれるかもしれません。「いつもの自分ではあまりチョイスしないようなファッションと出会うきっかけになれば」と、私は前向きに買い物を楽しんでいます。

例えば、コーディネートの基本色を選ぶとき。すぐに子どもに汚されてしまいそうなベージュや白ではなく、汚れの目立たない色を選ぶ。それもありきたりの黒や茶、グレーなどではなく、子どもたちの気分も晴れやかになるような明るいネイビーを選んでみる。

ピンヒールは会社に「置き靴」するとして、通勤時にはウォーキングシューズを履き、「エクササイズ」感覚で歩くようにする。副次的な効果として、体がスッキリすることでしょう。

あなたの通勤用のバッグが、軽くて容量が大きい「育児仕様」のものであれば、「使いやすそう!」と同僚の〝女子〟たちに注目されるかもしれません。

また建設的に考えると、子育て時期は「目利き」になれるチャンスです。まるでプロのバイヤーのように「見た目以上」に実用性、機能性を厳しく見極めざるをえなくなるからです。

そのような批評眼を磨くことは、子どもの洋服選びの際にもきっと役立つことでしょう。なぜなら、見た目のかわいらしさやカッコよさだけでパッと選んでしまうと「散財」に終わるのが、子ども服の〝オソロシサ〟だからです。例えばヒラヒラのフリルやレースがかわいらしいワンピースがあったとします。皮膚に直接当たる部分が繊維がレーヨンやポリエステルなどの化繊の配合が多い場合、チクチクしてとても長時間は着られないことでしょう。「かゆい」という言葉がわが子から飛び出すはずです。

さあ、子どもの「よきスタイリスト」になるつもりで、質実剛健な、ファッションと美容の目利きを目指しませんか。

ワーママの理想のバッグの条件とは？

「バッグとは、女性にとっての〝国家〟。その人のすべてが凝縮して詰まっている」ある雑誌の編集長がそう話すのを聞いて、なるほどと感心したことがあります。しかし、子育て中のバッグほど、大きくなりがちなものはありません。国家に例えれば、さながら〝急激に人口が増えた大国〟とでも言いましょうか。

一方で、世にあふれるファッション雑誌では、「持ち手がなく、コンパクト」なクラッチバッグが特集されていたり、「おしゃれな女性こそ手荷物が少ない」などと装いのルールが説かれていたり。しかし私たちワーママは、そんな〝外野〟には耳をふさぎ、「子どもファースト」の視点でバッグを選んでいこうではありませんか。

ワーママの普段のバッグは、オン、オフどちらにも対応できるものが理想です。なぜなら、私たちには「保育園の送り迎え」という〝仕事〟がつきまとうから。特にコワいのは、荷物が増える可能性が高いお迎えのときです。帰り道、「暑い」と子どもが突然上着を脱いだり、保育園から「おもらししました」と濡れたバスタオルを急に渡されたり。このような事態に笑顔で対応するには、通常から大きなバッグを持ち歩くか、エコバッグのような携帯用の「袋もの」を折りたたんで、常に持ち歩くしかありません。

私は最近、あるブランドの大型のトートバッグを買い求めたのですが、仕事帰りのお迎えの際にとても重宝しています。とにかく普段から荷物が多いのですが、店員さんに「耐荷重量が100kg」と聞いて〝即買い〟しました。バッグの中身が少ない場合はゴソゴソになる瞬間もあります。しかし、仕事の帰りは夜ごはんの買い物に寄ることが多いもの。増えた荷物をバッグに放り込めるので、ちょうどよいのです。

手荷物が二つ以上になると、どちらかを置き忘れる危険性が高くなります。雑誌の新人編集者だったころ。原稿などの書類を受け取りに行くときは、「絶対に落とさないように！」と厳しく言われたものですが、そのときアドバイスされたのは「荷物はバッグ一つにまとめる」という原則でした。それからも忠告通りに実践してきましたが、バッグ一つに荷物をまとめると持ち運びが煩わしくなく、ストレスが減ります。

バッグが大きくなると少し気恥ずかしいものですが、好きなブランドやデザインのものだと楽しんで持ち続けることができます。大きさ以外の条件も見ていきましょう。

【理想のバッグの条件①】防水仕様であること

雨の日などを想定すると、防水タイプ（コーティングされた皮革など）が助かります。また子連れでいると何かと汚れるため、水拭きできるタイプのものが便利です。

【理想のバッグの条件②】軽いこと

荷物が重い人ほど、バッグは軽いものがラク。「とにかく軽い」点では、レスポートサックがおすすめです。デザインが豊かで、見ているだけでもワクワクします。

【理想のバッグの条件③】両手が開くこと

安全性ではリュック型のバッグが最高ですが、職種によってはNGのワーママも多いでしょう。肩にかけられる、もしくはたすきがけできる紐付きのバッグがベター。

【理想のバッグの条件④】開閉をしなくてもよいこと

モノの出し入れが多いと、ファスナーや留め具の開け閉めさえ手間に感じます。「フタなし」の構造で、留め具を止めなくても支障のないバッグだとラクになります。

機能性もファッション性も兼ね備えたバッグと出会うことから、ストレスフリーの楽しい毎日が始まります。あなたの〝国家〟は、今どんな状態ですか。

子どもと一緒のお風呂で〝キレイ〟をつくる方法

ここではお風呂を味方につけて、健やかになる方法をご提案します。3章でも触れましたが、バスタイムは親子にとって、最高のコミュニケーションタイム。さらに少し工夫を重ねて、美容や健康効果も期待できる「一石三鳥」の時間にしませんか。

【お風呂を楽しむ工夫①】バスソルト

お風呂の楽しみの一つに「入浴剤」があります。しかし、子どもとの入浴の際には特に、よく選んだものを使いましょう。なぜなら、乳幼児の場合、合成化学物質を皮膚から取り込む率が成人より高いとされているから。また「皮膚の温度が10度から37

度に上がるにつれ、経皮吸収率は約10倍に高まる」というデータもあります。安全な入浴剤を選んであげましょう。注意すべきポイントは、着色剤、芳香剤、保湿剤です。しかし「成分表示を見ても、その有害性まではわからない」という場合は、塩を入れるのがおすすめ。わが家では「死海の塩」を入れていたことがあります。香り付けに精油を4～5滴垂らしていました（塩を入れないと、精油はお湯に混ざりません）。「塩も精油も入れるなんてめんどう」という場合は、あらかじめ天然精油を配合されたバスソルトもありますよ。

「ブレンド精油」（㈱生活の木）
ハーブとアロマテラピー専門店。世界各地から170種類以上の精油を揃えている。

「リフレッシュボディバスソルト」（㈱AMRITARA）
モンゴルの岩塩、天然精油や天然重曹などでつくられたバスソルト。

「ハーバルバスソルト」（㈱マークスアンドウェブ）
ミネラル豊富な天日塩をベースに天然精油を配合したバスソルト。

【お風呂を楽しむ工夫②】〝シャンプーの常識〟から自由になる

子どもから手を離せない時期は、親子で入浴した状態で、ママが自分の髪を洗うのは難しいことがあります。そんな時期、私は自分の洗髪は夜の入浴時に行わず、仕事の前に洗うなど時間をずらしていました。また、2日に1日の洗髪でも十分です（シャンプー剤が、かえって頭皮のかゆみを引き起こすと説く専門家もいます）。

【お風呂を楽しむ工夫③】シャンプーとリンスに凝ってみる

「風呂場で子どもに泡がかかってもよいかどうか」という基準で自分のシャンプーを選んでみましょう。私なりの「ものさし」は、できれば原料の産地がわかること。そして入手しやすいこと（通販で買える、取り扱い店がよく通る駅にあるなど）です。

「凛《りん》恋《れん》」（㈱ビーバイイー）
シリコン、鉱物油などの合成成分不使用。国産原材料の産地（都道府県名）を明示。

「ヴィア オルガニカ」（㈱アリエルトレーディング）
イタリア発。アボカドやオリーブなどのオーガニックオイルを配合。

「piyoko」（㈱ピヨコ）
天然精油配合。低刺激な植物性シャンプーのシリーズ。リンス不要がうれしい。

【お風呂を楽しむ工夫④】おうちリゾートのすすめ

休日の30分くらい、子どもは家族にお願いして、一人で入浴してみませんか。早朝などみんなが寝ている時間帯にコッソリ入ってもよいでしょう。本や雑誌を持ち込むもよし。自宅にいながらにして、まるでリゾートのような気分を味わえます。

「風呂場で子どもと一緒にデトックスする」という意識で、バス用品を選びましょう。外を出歩く機会が多いワーママなら、「安全なモノ探し」の楽しみが増えるはずです。

美容室の意外な効用

女性のヘアスタイルは十人十色。どんなヘアスタイルであれ、ワーママにおすすめしたいのは「行きつけの美容室（ヘアサロン）」をつくり、美容師さんと仲よくなるという習慣です。忙しい時期には、前髪は自分でカットしたり、通りすがりの店に入ったりと「複数のお店をついつい利用してしまう」という方もいるのではないでしょうか。1カ月に一度、同じ店に通うことは、「今の自分、これからの自分」について考えるよいピリオドになります。また、同じ美容師さんに担当してもらうと、自分の好みを説明する手間が省けるもの。そして懇意になればなるほど、美容師さんが親身に対応してくれるようになり「今月は前髪カット（1000円前後が相場）だけでよいのでは?」などと、安くすむ方法を向こうから提案してくれることもあるからです。

最大のメリットは、担当の美容師さんと好きなように話ができるということ。

以前、私は美容室の時間を「休息時間」ととらえていて、施術中はずっと寝ていることが多かったのですが、子どもを持ってから考え方を変えました。美容師さんに、育児のことや仕事のことなど、気になっていることをどんどん話すようにしたのです。

美容師さんは、接客のプロですから、話の腰を折るようなことはないですし、こちらの話を否定したり、突然お説教をするようなこともありません。たいていは共感してくれるものです。また、特に自分より若い女性の場合、結婚や出産、育児といったライフイベントに興味があるため、うまく話を聞き出して展開してくれます。

美容師さんからしてみても、むっつり黙っている客よりも、自分から話してくれる客のほうが、話を合わせるだけでよいのですから、やりやすいはずです。

例えば次のようなやりとりです。

「うちの長女は、フリルやリボンといったガーリーな洋服しか着ようとしないんだけれど、大丈夫なのかしら」

「小さいときから、おしゃれなのは、センスが磨かれていいんじゃないですか。私もお姫様みたいなかっこうを、よく母親がさせてくれましたよ。そのおかげで美容師になれたのかも……」

他愛もない会話ですが、ワーママに限らず、育児中の母親にとって必要なのは「手放しで自分を肯定してくれる存在」ではないでしょうか。もちろん身近にそんな人がいれば幸せですが、夫婦間だと言い争いになってしまったり、ワーママ同志だと〝自慢合戦〟になったり、〝格付け〟の仕合いへと発展したり……。「利害関係が薄く、あなたの絶対的な味方である」という意味では美容師さんは最高のポジションにいる人なのです。お得意さんであるワーママが「子育てと仕事の両立」についてグチれば、きっと「子どもがいるのに、働いているだけでも、スゴいことですね」とホメてくれるでしょう。例えそれが営業上の「ヨイショ」だとわかっていても、あなたの自信になれば、よいではありませんか。このように、気が合う美容師さんは、あなたの美のスタイリストであると同時に、カウンセラーやセラピストのように心を癒してくれることもあるのです。

そして、あなたの子どものヘアスタイルについて。できればあなたが切ってあげることが理想です。風呂場で、壁を背に座らせて、クシとハサミ1本、ビニール袋を持ち込んで。ロング丈、ミディアム丈の女の子の前髪カットは比較的簡単です。ショートカットや男の子のカットは確かに難しいものですね。ですが、小学校に入るまでは多少〝ヘン〟でも、支障がないもの。何より「ママが、髪を一生懸命カットしてくれた」と子どもの心に響く効果があるのではないでしょうか。

お手入れが必要な洋服は、リストラしよう

ここでは洋服をめぐるおしゃれについて考えていきましょう。まず最初に申し上げたいことがあります。それは、子どもが小さいうちは、夫婦共に「アイロンを使わない素材の洋服を選ぶのが理想」ということ。なぜなら、私は子どもの手をアイロンでやけどさせてしまったことがあるからです。

長女がハイハイを始めたころの事故でした。朝、夫のワイシャツにスチームアイロンを当てようとしていたとき、予熱中のスチームアイロンに、いつの間にか起き出していた長女が手を出してしまったのです。病院に駆け付け、幸い大事には至りませんでしたが……。

当時の私は休職中。毎朝、早くから夫の弁当をつくりながら、アイロンもかけるという作業を並行していたのです。お恥ずかしい話ですが「子どもがまだ寝ている間に、多くの家事を片付けてしまうイイ妻」くらいに自分を〝カン違い〟していたような記憶があります。その出来事のあと、わが家ではアイロンの類はまったく使っていません。夫のワイシャツは、全自動洗濯乾燥機から取り出したあとハンガーに吊るし、そのまま着ていますが、ノーアイロンでもまったく支障はないようです。

このように、時間に追われたり、同時並行でものごとを進行させていると、必ず事故などのリスクが出てきます。どうかわが家の例を〝反面教師〟としてください。

洋服の好みは、ヘアスタイル同様、それぞれ好みが分かれるものです。ほんの一例として、「お手入れフリー」な私の例を挙げておきます。

特殊な例かもしれませんが、洋服ダンスにズラっと並ぶ「お仕事着」は、ワンピースのみ。多くはポリエステルの化繊がメインのもので、冬用としてウール混のものもあります。化繊の強みは、シワにほとんどならないため、お手入れがラクであること。一方、ワンピースのよさは、上半身と下半身のコーディネートに頭を使わなくてよいこと。ジャケットを羽織ればフォーマルな場にも対応できます。

実は、その中には授乳服のワンピースも混じっています。次女が3歳直前まで授乳をやめなかったこともありますが、それ以上に、着心地がよいからです。産後の体型を意識してか、ウエストや二の腕がゆったりしているデザインのものが多いです。ワーママで母乳育児中という方は少数派かもしれませんが「これから産む」という方には、ぜひおすすめです。「授乳服　ワンピース」などの単語で検索するとたくさん出てきます。

あなたのおしゃれへの意識は、必ず子どもに伝わるものです。「食育」「住育」と並んで「衣育」……とまでは言いませんが、おしゃれ心が幼いうちから育まれていることは確か。装うことを心から楽しめる人になってほしいものです。

おしゃれとは、自己表現という意味もありますが、TPOに応じて回りの人を心地よくさせるためのもの。自分自身を客観的にとらえたり、周囲への気遣いを育むことにもつながります。

おしゃれ心を育む第一歩として、あなたがカラフルな色を意識して身に付けるというのはどうでしょう。お仕事柄難しければ、スカーフやハンカチ、アクセサリーなどの小物から取り入れるのも手です。「この色どう？」などと親子の会話のきっかけになるかもしれません。

メークを楽しむ心の余裕こそ、よい仕事を生む

私は子どもを得てから「経皮毒《けいひどく》」（皮膚から有害な化学物質を取り込むこと）という言葉を知り、メーク用品をガラッと変えました。「子どもの肌に触れてもよいか」という基準で選び直したのです。また、それまで「落ちない口紅」を追求していましたが、「落ちない」ということにどのようなカラクリがひそむのか、考えるようにもなりました。細かい話は専門家の本などを読んでいただくとして、本書では子育て期のメークに対する姿勢について見ていきましょう。

以前、ワーママの友だちにこう聞かれて驚いたことが3度ほどあります。

「最近、ファンデーションを塗っていないのだけれど、体によさそうなものを教えて」

ワーママそれぞれに価値観や人生の優先順位も異なるもの。しかし、せめて「ファンデーションを塗る」というベースメークの習慣だけは保ちませんか。それは「美しさ」の追求以前に、「紫外線から肌を守る」という観点からです。やはり肌が「野ざらし」では、シミなどのトラブルのもとにもなりかねません。

おすすめの化粧品は、なるべく無添加で自然な素材を使用したもの。同時に、取扱店舗が多く入手しやすいもの。すぐに補充ができないと、そのまま買いそびれてしまい、メーク自体がだんだんとおっくうになる可能性もあるからです。

次に、頬や目元などのポイントメークについて。ここでも個人差はあると思いますが、私の例を挙げてみましょう。チークは時間節約のために省略しています。アイメークは大好きですが、長女出産後にこんなことがありました。

朝、早起きしてアイメークを楽しんでいたら、長女が起きてきて抱っこをせがむのです。「あと2分あれば完璧に終わるのに」と思いながら、片方だけきれいにマスカラをした自分の顔を見て、泣きたくなったものです。

それから、わが家によく来ていただいていたベビーシッターさんのすすめで、まつげのエクステ（エクステンション）のサロンに通うようにしました。「目を乱暴にこすらない」など、日常生活で気を付けるべきことは少しありますが、慣れれば何でもありません。今のところトラブルもなく、費用対効果は大きいと言えます（上まつ毛の「付け放題」で約6千円、月1回の施術。代わりにアイライン、アイシャドー、マスカラなどすべてのアイメークをやめて1日5分の短縮に）。体質や適性もあるので、必ずしも全員におすすめというわけではありませんが、このように「大幅にメークをショートカットする」ような柔軟さ、発想の転換が求められることは間違いありません。

子どもたちが大きくなれば、私がまつ毛のエクステから〝卒業〟する可能性もあるでしょう。このように、子どもの成長につれてポイントメークの程度は臨機応変に変えるべきもの。ポイントメークができないことを「肌を休ませる時期」ととらえ「色素沈着のリスクを回避した」と前向きに考えることもできます。ここではコスメブランドを一つ紹介しておきます。ほかにも、自分に合うものを探してみてくださいね。

★「24時間コスメ」㈱ナチュラピュリファイ研究所）http://www.24h-cosme.jp/
合成界面活性剤、シリコンオイル、合成防腐剤、タール系色素など化学合成成分を使わない自然化粧づくりに取り組む。「アマゾン」でも取り扱いあり。

人の「好感度」とは、メークではなく、笑顔やアイコンタクトなどで上がるものです。特に仕事の現場ではそうでしょう。子どもを相手に、笑顔の練習をしてみませんか。あるとき、わが子に向かって口角を上げ、ニコっとしてみたところ、とびきりの表情で微笑み返してくれたことがありました。子どもがいる私たちは、すぐに〝笑顔美人〟になれるはずなのです。

体磨きより、「疲れない体づくり」を目指そう

脚本家・故向田邦子さん原作の映画『阿修羅のごとく』のこんなセリフをご存じでしょうか。

「女のかかとを見ると、殿方にご無沙汰しているかわかるんだから」

しかし、多忙な私たちワーママにとってみれば、「かかとのケア」なんて、二の次、三の次、四の次。実際、美容業界で働く知人に聞いたところ、ツルツルのかかとで過ごしているのは「時間とおカネに余裕のある女性」が多いそうです。「ボディケアを怠っても、ただちに健康被害はない」と、合理的に割り切っていきませんか。

ほめられたことではありませんが、私は冬の間、かかとどころか、脚や脇などのム

ダ毛の処理をしていません。なぜなら、タイツを履くような季節であれば、仕事先でも支障がないからです。両脚のお手入れだけで月に2回、1回約30分はかかるもの。そんな時間があれば、子どもとゆっくり向き合ったほうがよほどマシというものです。「夫との房事にはどうするのか」という声も聞こえてきそうですね。ハイソックスを履いて、暗くすればよいのです。「寒い」と言えば脱がされることもないでしょう。

ムダ毛の処理をしすぎると、毛根やお肌のトラブルの原因にもなり得ます。そこで発想を変えて、「雑草の生い茂った休耕田のように、春夏に向けて、冬の間は肌を休ませている」と前向きにとらえています。実際、私たちは見えるところのケアだけでも手いっぱいなのですから。

では、「見えるところを、限られた時間で、ケアするコツ」を見ていきましょう。

私たちは独身のころのように、テレビやDVDを見ながら優雅にパックをしたり、自由気ままにエステに通ったりということは、もうできません。何かをやりながらか、一瞬のスキマ時間を見つけていそしむしか道はないのです。

「忙中閑あり」という言葉がありますが、どんなに忙しくても「一瞬」であれば、時間をとれることもあるでしょう。私たちが目指すのは、そのような「瞬間美容」です。

例えばハンドクリームの場合、私は次のような「瞬間」に塗っています。

・電車やタクシーなどで移動する瞬間
・保育園にお迎えに行って、子どもを待つ瞬間
・玄関で、子どもたちが靴を履くのを見守る瞬間
・夜寝る前、布団に入った瞬間

ハンドクリームは、家庭用は効能重視で選び、携帯用は香りがよいものを選んでいます。一瞬ではありますが、ほっと癒される効果は、見過ごせない魅力です。

ほかのケアは、子どもと共に続けましょう。例えば「フェイスパックは、子どもの笑いをとりながら」といった具合です。それが子どもにジャマされない方法です。

最後に、ボディケアよりも、運動などで体を動かして疲労を解消しておくことを強

くおすすめしたいと思います。見えにくい箇所まで人目を気にするよりも、自分の心地よさを追求すべきです。「金本位制」ならぬ「自分本位制」でいきましょう。

マッサージや鍼灸《しんきゅう》の施術を受けるのもよいですが、自発的に体を動かすことは健康づくりにもつながります。はやりものでいえば、加圧トレーニング、ジャイロトニック。ホットヨガやエアロビクス。これらはすべて、私は何度か通いましたが「予約制」がアダとなり、忙しすぎて残念ながらフェードアウトしました。また、中高年向けのイメージがあるかもしれませんが、「真向法《まっこうほう》」や「きくち体操」は、大変気持ちがよいものです。

あなたが健やかで笑顔でいることは、仕事の効率アップや子どもの笑顔にきっとつながります。

本書を読み終えたら、まずはうーんと「伸び」でもしてみませんか。体が柔らかくなると、心も柔軟になりますよ。

【かんたんストレッチ〜真向法〜】

①
第一体操

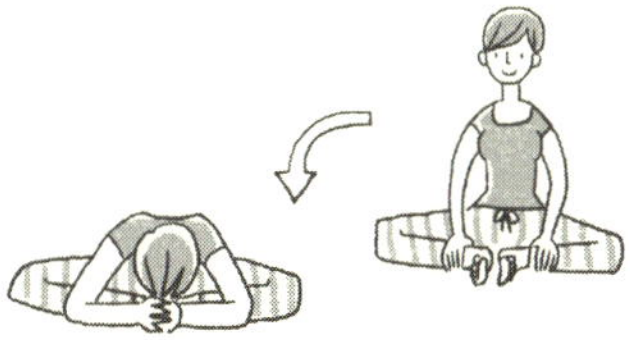

⑴背筋を伸ばして両足の裏の外側を合わせ、両膝が床に付くように座ります。⑵息を吐きながら、ゆっくりと上体を前に。⑶息を吐き終えたら、上体を元の位置に戻します。※2、3を10回くりかえす

②
第二体操

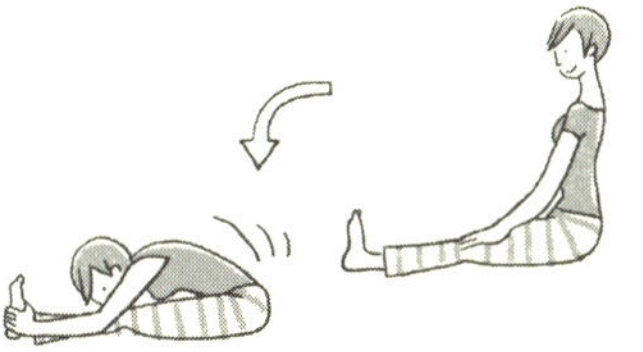

⑴両脚を前に伸ばし、足首を上に向けて座ります。⑵息を吐きながら、ゆっくりと上体を前に倒します。⑶息を吐き終えたら、上体は元の位置に戻します。※2、3を10回くりかえす

③
第三体操

⑴脚を左右に大きく開き、足首をできるだけ上に向けて座ります。 ⑵息を吐きながら、ゆっくりと上体を前に倒します。 ⑶息を吐き終えたら、上体は元の位置に戻します。※2、3を10回くりかえす

④
第四体操

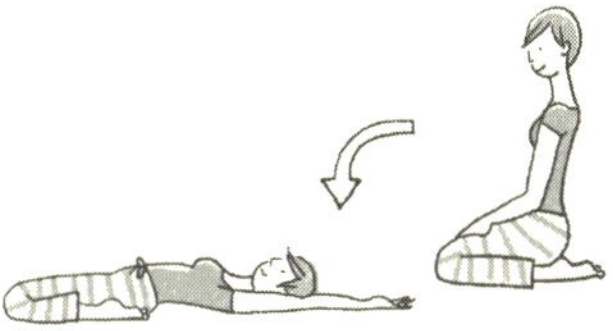

⑴正座した状態から割座(いわゆる女座り)に。⑵ゆっくりと後ろに倒れ、両腕を伸ばして両耳に着けます。⑶お腹で呼吸し、吐く息を意識して「細く長く深く」整えます(約1分ぐらい)。※注意：腰痛持ちの方は決して無理をしないでください。

おわりに

私は32歳で長女、34歳で次女を出産したあと、フリーランスのライター・編集者として仕事を続けてきました。

最初のころは慣れないせいもあってか、目が回るほどの忙しさ。「時間はお金で買うしかない」と思い詰めて、赤字覚悟でベビーシッターさんに頼ることもありました。また〝自然な子育て〟にこだわるあまり、疲れてしまった時期もありました。しかし、年数が経つにつれ、肩の力を抜いて育児と仕事を両立できるようになってきた気がしています。

両立のコツは、お金の使い方の方針をしっかり決めることにあります。

「どんな保育園を選ぶのか」「どんな食べ物を常備するのか」「仕事場でも通用する子育て期のバッグとは？」など。日々「投資」する感覚でモノを選ぶことが大切です。

その結果、今まで愛用していた製品とは違うモノを選ぶようになるかもしれません。例えば「時間短縮のためにコンディショナー不要のシャンプーを使おう」「子どもの肌に触れるから、無添加のファンデーションを探そう」……。

自分や家族のためを思っての問題意識が、やがては社会のあり方や地球環境について考えるきっかけになることも少なくありません。**このようにワーママ期は、多くの学びや気付きで人生が何倍にも心豊かになれるチャンスなのです。**

そしてワーママ同士が、リアルに体得した智恵をお互いに共有できれば、「家庭」はもっと快適に楽しくなるし、「職場」も「日本」ももっと幸せになれるはず。私はそんな思いに駆られて、細々とではありますが、ブログで気づいたことを発信してきました。

そこでのご縁で、「これから出産するけれども、仕事も続けたい」というプレママさんや、「保育園のことを教えてほしい」という0歳児のママさんなどとお目にかかっておしゃべりしたことがあります。そのとき感じたのは「立派な〝育児の教科書〟はあっても、等身大の声に触れられる本は少ない」ということでした。なぜなら、育児について「自分の経験を話す」ということは、自分の弱みや失敗談をさらけ出すことにほかならないからです。それこそ、誰もが知りたいことであるはずなのに……。

そんな「いてもたってもいられぬ思い」が通じてか、このたび、WAVE出版さんから本書を発行させていただく運びとなりました。本書は、「一人でも多くのワーママさんが、自信を持って仕事を頑張り続けられますように」という「祈り」の結晶でもあります。

仕事の忙しさや、業種業界、勤務形態、はたまた〝子育て観〟まで、同じワーママといえども、違いはあることでしょう。ですが、みなに共通すると思われる〝普遍的なこと〟を詰め込みました。

「仕事を手放さない」という覚悟を持って、育児も仕事も〝義務〟は果たしたうえで、どちらも楽しみませんか。他人からの協力に期待をしすぎず、自分の意識や行動パターンを少し変えるだけで、ものごとが〝ちょっとよい方向〟へ流れる。そんなヒントにしていただければ、「ワーママ」の〝同志〟として、それ以上の喜びはありません。

また本書は、現在働いているワーママへのメッセージが主となっています。「これから働きたい」という方のシミュレーションにもお役立ていただければ幸いです。

最後になりましたが、取材にご協力いただいた多くのワーママのみなさま、本当にありがとうございました。

例え少しの時間でもあっても。「働く」ということを通して、母であるあなたの人生が、より一層充実したものになりますように。また、素敵なワーママが増えることで、社会全体が明るく、風通しのよいものになることを心より願っています。

山守　麻衣

【著者プロフィール】
山守麻衣（やまもり・まい）
1976年生まれ、早稲田大学卒。中高年の生きかた・暮らしかた応援雑誌『いきいき』の編集者を経て、フリーの編集者・ライターに。現在2児の母。母乳育児をしつつ、環境雑誌から社会派ビジネス誌、医療系の書籍まで、同時に9社の仕事をこなす激務型ワーママ。
ブログhttp://ameblo.jp/maitococoro/

ワーママ時間3倍術
子育てしながら稼ぐ母になる方法

2014年2月28日　第1版第1刷発行

著　者　山守麻衣

発行者　玉越直人
発行所　WAVE出版
〒102-0074　東京都千代田区九段南4-7-15
TEL 03-3261-3713
FAX 03-3261-3823
振替 00100-7-366376
E-mail : info@wave-publishers.co.jp
http://www.wave-publishers.co.jp
印刷・製本　モリモト印刷

NDC336 200p 19cm
ISBN978-4-87290-675-2